AF467764

ALBERT METZGER

DE LA SOCIÉTÉ SAVOISIENNE D'HISTOIRE ET D'ARCHÉOLOGIE

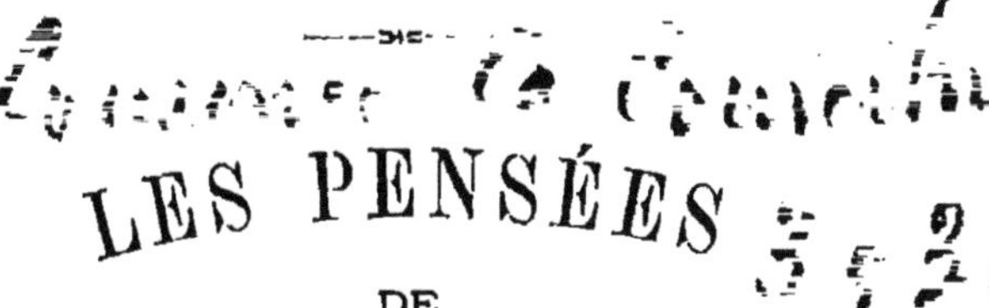

LES PENSÉES
DE
MME DE WARENS

Son biographe, le général Doppet.

—

Mme de Warens aux Charmettes,
Son oratoire.

—

Mme de Warens au Reclus.

—

Ses relations avec Wintzenried
jusqu'en janvier 1754,

D'APRÈS

les documents inédits tirés des Archives départementales de la Savoie

Avec un portrait inédit gravé d'après LARGILLIÈRE.

LYON

HENRI GEORG, Éditeur

65, rue de la République, 65

LES PENSÉES DE MME DE WARENS

DU MÊME :

La République de Mulhouse, son histoire, ses anciennes familles bourgeoises et admises à résidence, depuis les origines jusqu'à 1798. Un beau volume, elzévir, sur hollande, avec une gravure. . . . . 5 fr.

Le Budget de l'Instruction publique, en France, pour 1879-1880, brochure in-8°. . . . . 1 fr.

Le Budget municipal de Lyon en 1881, dépenses, recettes, octroi de la ville, brochure in-8°. . . . . . 1 fr.

Lyon sous la Révolution, le Consulat et l'Empire, notes et documents publiés, de 1882 à 1887, par Albert Metzger et révisés par Joseph Vaesen. 10 beaux volumes in-12, tirés à 300 exemplaires, sur hollande. . . . . . . 50 fr.

La Conversion de Madame de Warens, d'après des lettres inédites et les documents de l'époque, in-16. . . 3 fr.

EN PRÉPARATION :

Les dernières années de Madame de Warens

d'après les documents inédits
des Archives départementales de la Savoie
et de l'ancien Tabellion de Chambéry.

ALBERT METZGER

DE LA SOCIÉTÉ SAVOISIENNE D'HISTOIRE ET D'ARCHÉOLOGIE

LES PENSÉES DE Mme DE WARENS

Son biographe le général Doppet.

Mme de Warens aux Charmettes. Son oratoire.

Mme de Warens au Reclus.

Ses relations avec Wintzenried jusqu'en janvier 1754,

D'APRÈS

les documents inédits tirés des Archives départementales de la Savoie

Avec un portrait inédit gravé d'après LARGILLIÈRE.

LYON

HENRI GEORG, Éditeur

65, rue de la République, 65

A

M. Théodore FIVEL,

qui a retrouvé l'Alésia de César,

près de Novalaise,

hommage amical,

A. M.

La Savoie a une histoire exquise, celle des amours de François de Sales et de Mme de Chantal. Amours qui n'eurent rien de terrestre et qui, de leur essence humaine, s'élevèrent à la sainteté, à l'union éternelle en Dieu. Comme toutes les belles choses, cette histoire est inconnue. Il faudrait, pour l'écrire, dans ses nuances infiniment délicates, la plume parfaite et le cœur magnifique d'un Lacordaire. L'auteur de la Vie de Marie Magdeleine, seul, aurait pu dire ce qui se passa dans le cœur de ces deux créatures aimantes, aimées du Maître de la Vie.

Comme toutes les belles choses, cette histoire eut sa parodie. Elle se déroule dans la Conversion de Mme de Warens. *A l'occasion de cet ouvrage, le Secrétaire perpétuel de l'Académie de Savoie, L. Morand, rendant compte de la séance du 28 février 1888, disait :*

Le livre de M. Metzger sur Mme de Warens est un de ceux qui ont l'avantage d'intéresser vivement. Mme de Warens qui, pendant trente-six ans de son existence, occupa l'esprit public en Savoie et dans la Suisse romande, sa patrie d'origine, a eu, depuis sa mort arrivée en 1762, son caractère, ses mœurs, ses actes et surtout son passage à la religion catholique, si diversement racontés ou expliqués qu'il était bon de savoir, une fois pour toutes, ce qu'on devait croire. Les habitants de Chambéry, en particulier, seront heureux d'être clairement renseignés, tout au moins sur l'état religieux de cette femme qui, après avoir habité les Charmettes devenues célèbres depuis, mourut pauvre dans la maison du faubourg Nezin, qui porte aujourd'hui le numéro 62.

Le but de l'ouvrage de M. Metzger est de mettre les lecteurs en mesure de former eux-mêmes leur jugement, en mettant simplement sous leurs yeux les pièces les plus propres à jeter un jour complet sur ce fait important de la conversion de Mme de Warens. Il ne faut donc point y chercher de savantes dissertations philosophiques ou religieuses qui ont souvent le tort de ne représenter que les sentiments personnels des écrivains ; l'auteur n'a voulu que composer le dossier du procès, les avocats viendront ensuite. Seulement nous croyons qu'il eût été préférable de négliger, dans ce recueil de pièces officielles, l'insertion des lettres apocryphes que M. Doppet attribue à Mme de Warens et qu'il déclare lui-même ne mériter aucune créance. Outre qu'elles déparent le sérieux du livre, il est à craindre que ces lettres ne produisent un effet contraire à son but et qu'elles n'aient pour quelques diptères de notre race l'attrait funeste du papier-mouche. Sous cette réserve, le volume de M. Metzger a incontestablement droit de cité parmi les ouvrages consciencieux et destinés à augmenter la connaissance des personnes et des choses de notre pays. »

La vérité sur la conversion sera connue, tout entière, quand Jules Cuénod, de Vevey, publiera les 89 pièces inédites qu'il possède et dont il a révélé l'existence, en 1874, à la Société d'histoire de la Suisse romande.

Si Mme de Warens n'avait été que femme, notre pitié lui serait acquise ; nul n'aurait le droit de la juger. Mais elle a été l'éducatrice de Jean-Jacques. Michelet affirme que c'est la Savoie et Mme de Warens qui ont fait Rousseau. La Providence avait donné, pour consolation, cet enfant à cette femme sans enfants. *La malheureuse a usé de ce don royal pour pervertir le sens moral chez une nature d'élite, doublée d'un génie de premier ordre. Sans Mme de Warens, Rousseau serait cependant devenu Rousseau. Avec elle, le pauvre jeune homme, initié au ménage à trois, dut subir la dégradation du cœur, à l'aurore de la vie. — J'en appelle aux mères.*

Le présent volume publie les Pensées de Mme de Warens, d'après le texte du général Doppet. Elles offrent, *à la critique, un très curieux ensemble des idées reçues, à Chambéry, au XVIIIe siècle, au sein de la bourgeoisie éclairée. Les Charmettes sont restaurées dans leur cadre primitif, par le bail du 6 juillet 1738 et la transaction du 10 mars 1740. La lettre inédite au comte de Saint Laurent, du 17 juin 1742, révèle à l'histoire que la baronne était en butte, même à la campagne, aux tracasseries d'un voisin, le procureur Renaud. A propos de ce rustre, il est certain que Mme de Warens avait adressé des plaintes très vives à Noirey, son propriétaire ; malheureusement sa lettre est perdue. Wintzenried a pris la place de Jean-Jacques et se pare du titre de chevalier de Courtilles. Dès 1739, il est le factotum de Mme de Warens. L'oratoire des Charmettes fournit de précieuses indications sur la mentalité religieuse de la baronne, sa dévotion particulière à Notre-Dame-des-Ermites. Ses idées sur la protection divine apparaissent nettement dans le libellé de l'acte de sa fondation, à la chapelle de Gruffy. En 1749, Mme de Warens quitte les Charmettes ; l'année suivante, la confiance restreinte, que la baronne inspirait dès lors, perce dans les dispositions du bail qui lui fut imposé, au Reclus, par l'homme d'affaires du marquis d'Allinges. La pauvre femme est prise dans l'engrenage des affaires et de leurs soucis. Tout l'écheveau de ses entreprises se déroule dans les documents inédits, que nous avons puisés aux Archives départementales de la Savoie. Wintzenried est l'acolyte de la baronne ; il figure presque à tous les actes. C'était, ce semble, un assez joyeux farceur, qui menait de front sa bienfaitrice, les affaires et les intrigues d'amour. En 1754, il se marie. Sa lettre du 10 janvier, de cette année, est inénarrable ; celle que la baronne lui écrivit, le 25 du même mois, montre à quel degré d'humiliation peut descendre une femme qui a renoncé, volontairement, à son foyer, à sa famille, à son rang, pour rompre les liens sacrés du Mariage.*

PENSÉES DIVERSES

DE

MADAME DE WARENS

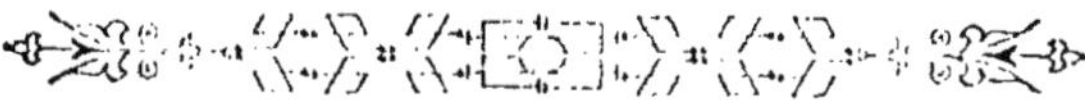

PENSÉES DIVERSES

DE

MADAME DE WARENS

§ 1.

De l'éducation.

Le but de l'éducation est de donner à la société un membre qui lui soit utile : on doit donc commencer par l'éducation physique, avant que d'entreprendre l'éducation morale, il faut d'abord faire un homme, on en fait ensuite un savant ou un ouvrier.

Veut-on dégoûter un enfant des sciences, on n'a qu'à le forcer de bonne heure à apprendre par cœur du grec ou du latin. Notre sexe par bonheur, n'est point exposé à cette méthode scientifique destinée à former les hommes, cependant comparez un latiniste de douze ans à une fille de même âge, vous verrez si le garçon est le plus spirituel.

Comme les tempéramens sont différens chez tous les hommes, de même les caractères ne doivent pas être semblables, par la même raison l'éducation doit varier chez tous les sujets.

Il faut d'abord étudier les penchants de son éleve; beaucoup de soins peuvent dans la la suite le rendre propre à l'état qu'on lui destine.

On enseigne tout aux enfans excepté ce qu'ils doivent savoir.

Avilir son éleve par le châtiment, c'est le disposer à être un mauvais sujet. Les pédants regardent la correction comme un devoir; qu'ils se désabusent. Ils peuvent tout au plus par là, faire des éleves aussi sots qu'eux.

O hommes! apprenez à respecter la nature, ne mutilés pas ces tendres rejettons qui doivent un jour vous remplacer dans la société, faites leur voir la vertu, et votre exemple les encouragera dans la suite, à la mettre en pratique.

§ II.

Des mœurs.

Une société quelconque ne sauroit subsister sans mœurs : la religion ne peut servir de frein à l'homme qui ne les respecte pas ; il échappe même à la juste rigueur des loix.

Mais que sont les mœurs? elles ne sont pas ce que le cagotisme appelle dévotion, ce que l'hypocrisie nomme vertu, ce que la femme prude prend pour la décence. Avoir des mœurs, c'est faire le bien pour la seule satisfaction de le faire ; c'est par elles que l'homme vertueux, toujours utile à la société, fait le charme de tous ceux qui partagent avec lui les devoirs du contrat social. Avec des mœurs, l'ordre est établi, la paix des familles n'est jamais troublée, l'oppression n'exerce aucun empire, et l'innocence respectée, n'a pas besoin de faire retentir les tribunaux des justes plaintes que lui arrache la séduction.

L'homme est naturellement bon, il naît avec toutes les qualités sociales ; tout le monde trouve la vertu belle ; et quelques soient les égarements du vice, celui qui y est plongé se plait encore à se masquer des charmes de la vertu.

Pour ne pas s'écarter des bonnes mœurs, chacun a en lui son propre guide. La conscience dicte à chaque individu ses devoirs, heureux celui qui veut l'écouter ; juge sévere de nos actions elle nous punit ou nous récompense toujours de celle que nous venons de faire. Si le besoin d'être vertueux peut paroître un radotage philosophique à quelqu'un, ce ne peut être qu'à un homme très-corrompu. Malheur à lui ! hélas ! toute la subtilité de son raisonnement n'arrachera pas, dans un tems, son ame aux remords ; ces vautours rongeurs, punissent tôt ou tard le méchant.

§ III.

De la raison.

La raison doit être le sentiment et l'expression de la vertu ; c'est une conséquence de se conduire de telle ou telle maniere, tirée d'après des réflexions faites sur ce qu'on doit à la divinité, à ses proches, et à soi-même.

La raison ne semble pas la même chez tous les peuples, cependant l'homme raisonnable fait partout le bien : le sauvage qui tue son pere ne commet cet acte qui nous repugne, que pour le préserver de tomber dans les mains des autres barbares, à qui sa foiblesse ne le laisseroit pas échapper : ce meurtre a la raison pour cause. L'homme social qui ne respecteroit pas la vieillesse des auteurs de ses jours, celui qui les abandonneroit, seroit cent fois plus cruel que le sauvage.

Les fols raisonnent aussi ; mais leur conséquence est toujours fausse, parce qu'elle part de principes chimériques.

Quelquefois la sagesse est outrée au point qu'elle n'est plus la raison. Quelquefois aussi le monde regarde le vrai sage comme un être qui ne devroit habiter que les *petites maisons*.

On raisonne suivant qu'on est bien ou mal organisé. La raison suit aussi les impressions bonnes ou mauvaises de l'éducation. Comme on ne peut exercer les fonctions de la raison que quand on a beaucoup vu, l'exemple doit donc dans la suite faire naître dans l'esprit d'un enfant la *vertueuse* ou la *vicieuse* raison.

C'est par la raison que l'homme est au-dessus des autres êtres créés ; c'est par elle qu'il a appris à mettre le joug sur la tête de ces fiers animaux qui le soulagent dans ses travaux.

L'envie d'acquerir plus de raison que les autres, en fait souvent franchir les limites. On ne se contente pas de raisonner selon ses forces, oubliant quelquefois sa foiblesse, on veut porter la tête au-dessus de sa sphère ; l'origine des modes paroit possible à deviner, un sistême supplée aux connoissances, et la punition de celui qui veut tout voir, est de finir par déraisonner.

§ IV.

De l'homme.

L'homme reçoit une éducation bien différente de celle qu'on donne à la femme : l'un apprend à commander, on éleve l'autre à obéir. Tout iroit à merveille, si chaque sexe remplissoit sa tâche.

On ne cache aucune science à l'homme ; on lui montre tout ce qu'il désire savoir, parce que les grandes places sont faites pour lui ; il arrive cependant que la nature venge plus d'une fois l'autre sexe ; l'homme apprend tout et finit quelquefois par ne rien savoir, il est alors trop heureux d'arracher sa moitié à son rouet, pour lui aider à conduire ses affaires.

Il y a des pays où l'on renferme les femmes ; il y en a d'autres où elles font quelquefois renfermer les hommes ; mais il y en a point où l'homme soit réellement libre. Les graces sont au-dessus de la force.

§ V.

De la femme.

L'envie de plaire aux femmes inventa tous les arts agréables. Le courage lui dut plus d'une fois son triomphe.

O femmes ! si l'empire de vos charmes étoit toujours soutenu par la vertu, vous feriez le bonheur de l'Univers.

Une personne du sexe ne doit pas dédaigner de s'instruire ; les charmes passent, l'esprit reste. De vraies connoissances rendent une femme plus intéressante. Mais il y a des limites à garder, car les prétentions à l'esprit, rendent une femme insupportable. Il n'y a rien de plus ridicule qu'une mere qui oublie les soins de son ménage, par la sotte manie de feuilletter des brochures. Une ignorante est préférable à celle qu'une blamable prétention jette dans l'enthousiasme philosophique ; la fausse savante, dédaignant de plaire par les charmes de la belle nature, n'est plus d'aucun sexe ; elle déplait à l'un, et ennuie l'autre.

§ VI.

Des arts agréables.

Ils adoucissent les mœurs, chassent l'oisiveté, et dissipent les chagrins de la vieillesse.

La poésie amuse, corrige, et les leçons qu'elle donne sont d'autant plus sures, que le plaisir force à les écouter. La musique a un empire sur tous les hommes ; ses charmes peuvent, il est vrai, faire naître des désirs.

mais elle peut souvent faire trouver le bonheur dans les désirs mêmes.

Les arts agréables devroient être la seule étude des femmes ; plus sensibles aux traits des passions, ce seroit pour elles un moyen de s'en distraire ; et comme l'art de plaire est un besoin pour leur cœur, je pense qu'elles trouveroient dans la pratique des arts agréables, les moyens les plus surs de l'acquerir.

§ VII.

Des voyages.

Celui qui ne voyage que pour courir, revient ensuite dans ses foyers aussi instruit qu'il l'étoit avant son départ. Cette façon de voyager ne doit être que celle d'un homme qui veut s'arracher aux effets d'une maladie chronique.

Etudier les mœurs des peuples qu'on visite, leur dérober des connoissances utiles, voilà le vrai voyageur ; sa patrie le voit revenir avec joye, la reconnoissance de ses concitoyens le paye toujours de ses fatigues.

Les voyages devroient entrer dans l'éducation d'un homme riche; mais il faudroit trouver quelqu'un qui sçut rendre utiles les courses de son éleve; il est à plaindre s'il n'a qu'un pedant pour le diriger, car il faut observer sans prévention.

§ VIII.

De la lecture.

Beaucoup de personnes lisent, mais il y en a fort peu qui sachent lire.

Il en est de la lecture comme des voyages; si l'on est prévenu en ouvrant le livre, tout ce qu'il contient est inutile; on fait penser l'auteur soi-même, ou on ne le lit que pour se moquer de lui.

Il y a de bons et de mauvais livres. Ceux qui renferment des obscénités sont les seuls qu'on doive proscrire, ils n'ont d'autre but que de faire goûter le libertinage. Malheureux celui à qui on est forcé de les défendre, car s'il étoit vertueux, il les auroit toujours méprisé.

Les romans sont dangereux pour certaines personnes, d'autres y trouvent un agréable délassement. Chacun peut les lire pour apprendre la langue (*).

Une mauvaise lecture peut donner de mauvaises mœurs ; mais celui qui en eut toujours de bonnes, n'a rien à craindre, il sait choisir celle qui lui convient. L'abeille ne puise-t-elle pas souvent ses trésors dans le sein d'une plante dangereuse ?

Beaucoup de livres sont défendus par la seule raison qu'ils amusent ; je n'approuve pas les *mortifications* de ce genre. Le meilleur moyen de dégoûter des livres à la mode, seroit de changer le stile des autres : ceux qui défendent la lecture des ouvrages de goût, écrivent quelquefois si mal, qu'on ne va jamais jusqu'à la fin de leurs insipides remontrances.

Un livre n'a souvent de vogue, que parce qu'il est défendu ; c'est prêter du talent à un

(*) Dans la multitude des romans dont la France a été inondée depuis quarante ans, si vous en exceptez ceux de Voltaire et de Rousseau, on n'en trouveroit pas dix propres à remplir le but de Mad. de Warens, un homme ou une femme qui n'ont étudié la langue que dans les romans n'ont rien fait. (Note d'Amédée Doppet, 1785.)

auteur que de le persécuter. S'il a dit des sottises, il faut le laisser lire parce qu'il sera bientôt méprisé. En brulant le livre, on fait croire au public qu'on n'étouffe les propositions qu'il contientque parce qu'on ne sait pas y répondre.

§ IX.

De la botanique.

On trouve non-seulement une bonne nourriture dans le regne végétal ; les plantes offrent encore à l'homme des remédes contre une partie de ses infirmités : la botanique est donc une étude très-intéressante.

Mais à quoi sert-elle à celui qui ne s'y livre que par curiosité, et qui sans autre but court les plaines et les montagnes pour voir des plantes ? c'est une manie à la quelle on se livre facilement par l'envie de paroître observateur. C'est courir après le nom de philosophe, le *foin* à la main, quand on devroit s'en tenir à le mettre bonnement dans sa bouche.

Lorsque l'immortel *Linné* rassemble sous

ses savantes mains, et classe tout le regne végétal, n'est-ce pas dans l'espoir que la chymie pourra profiter un jour de ses pénibles et célébres travaux? imitons-le; travaillons; mais toujours pour le bien des hommes.

§ X.

De l'agriculture.

L'art de cultiver la terre est sans doute le plus utile: ce sont les cultivateurs qui nourrissent l'état. Cependant les campagnes se dépeuplent: le peuple las de défricher, de peur de mourir de faim, déserte sa chaumiére, il accourt dans les villes, avec d'autant plus de confiance, qu'il a remarqué depuis longtems que le fruit de ses sueurs y est emporté.

Pourquoi faut-il que celui, dont les bras demandent à la terre la nourriture des autres hommes, soit le plus misérable? n'est-il pas du devoir de l'homme d'état de l'encourager? aulieu d'aller chercher au loin des trésors incertains et inutiles, je pense qu'il vaudroit mieux porter ses vues du côté de l'amélioration des terres. En faisant quelques avances à un pauvre paysan, on verroit bientôt que l'agriculture est un des plus sûrs et des meilleurs commerces.

Le laboureur qui est sans avances est forcé de se faire mendiant, dès qu'il essuye une mauvaise saison : n'ayant pas le moyen d'attendre une heureuse recolte ; il laisse tout; et voilà des bras de moins.

C'est donc aux riches à tourner leurs regards sur l'habitant de la campagne : qu'ils n'oublient pas que si le paysan jeûne quelquefois, c'est que notre luxe engloutit tout. Chaque fois qu'une petite maîtresse se poudre, ne consume-t-elle pas au moins une livre de pain?

§ XI.

De la philosophie.

Qu'est-ce qu'un philosophe? est-ce un homme qui met sa gloire à combattre les principes reçus, qui par sa subtilité vient attaquer et détruire l'espoir des infortunés, qui par un habit singulier et grotesque se plait à tourner sur lui tous les regards? non.

Le philosophe est celui qui trouve dans sa morale les principes d'honneur, de probité, et d'humanité ; qui s'accommode avec décence à tous les usages ; qui cherche dans sa religion des motifs de consolation pour l'avenir ; qui tend une main charitable à l'infortune ; qui n'élève une forte voix que contre l'injustice et l'oppression. Voilà la vraie philosophie. Le fanatisme qui la persécute est horrible, il fait sans doute le malheur du genre humain.

§ XII.

Du bonheur.

Le plus heureux est celui qui souffre le moins.

(*) Peu de gens sont contents de leur sort : le militaire voudroit être homme de robe, ce dernier envie le sort du laboureur, et le paysan se croît le plus à plaindre. L'avare entasse en cherchant le bonheur. L'homme de lettres l'entrevoit dans les siecles avenir ...... hélas ! .... sommes-nous ici bas

(*) Horace satyre 1er. à Mecec. (Note d'Amédée Doppet.)

pour être heureux ? réfléchissons, regardons autour de nous, n'oublions pas que nous ne sommes que des hommes ; après cela pleurons, si nous l'osons, sur notre sort.

§ XIII.

Des grandeurs.

Je voudrois être en place, parce qu'il est aisé de faire le bien.

Je ne refuserois pas les grandeurs si elles m'étoient offertes, mais je saurois les perdre sans les regretter.

Les grandeurs n'accompagnent pas toujours le mérite, c'est là le mal. La fortune est aveugle. Le plus vertueux est celui qui laisse tourner la roue sans inquiétude.

L'homme qui vit dans les grandeurs est rarement jugé sans prévention ; vu de tout le monde, il a plus d'ennemis qu'un autre ; mais qu'il continue à faire le bien, c'est une douceur de faire des ingrats.

§ XIV.

Des richesses.

N'être riche que pour insulter à la misere, est sans contredit le comble de la cruauté. Heureux celui qui sait user des faveurs de la fortune pour soulager ceux qu'oublie cette mere aveugle.

Les richesses sont le mobile de toutes les actions. La vertu ne se vend pas, il est vrai ; mais la bonne réputation s'achette. Un homme riche a bientôt des honneurs ; son coffre-fort parle pour lui, et ne fut-il dans le fond qu'un sot, la dépense qu'il fait, a plus d'éloquence que la raison.

Tout le monde veut de l'argent, et personne n'a tort. L'usage seul peut ridiculiser celui dont les efforts et les sueurs accumulent de grosses rentes.

Le prodigue est coupable, l'avare ne l'est pas moins : la sagesse consiste à n'être ni l'un ni l'autre.

O riches que vous êtes fortunés ! vous pouvés tous les jours faire des heureux ; le débri de vos tables peut étouffer les gémissemens du pauvre ; l'or qui vous couvre peut se tourner en bienfaits.

§ XV.

De l'aumône.

Le sage doit savoir s'imposer des privations pour faire la charité : celui qui donne l'aumône paye sa dette à la nature.

On ne doit pas autoriser la mendicité, le paresseux abuseroit bientôt de la compassion, qui sait même si le fourbe n'en feroit pas un état, pour bien vivre aux dépens des autres ?

Celui qui ne peut pas travailler, a des droits à la commisération publique. On doit des bienfaits à ces malheureux qui n'ont pas le courage de venir publiquement exposer leur infortune.

Il y a des pays où l'on mendie par pénitence ; je n'entends pas trop cela : car alors ce n'est pas celui qui demande la charité qui souffre, c'est au contraire le pauvre ouvrier qui est forcé de travailler tout le jour, pour fournir du pain au *pénitent* à large besasse.

Mais, comme on dit fort bien, il y a tant de chemins qui mènent à Rome.

Il ne suffit pas de faire l'aumône ; le ton qu'on y met, n'est pas moins une vertu ; le malheureux est déjà assez humilié de tendre la main, sans l'insulter encore par le bienfait.

O mortels ! vous serez toujours humains, si vous savez ne pas oublier que vous êtes des hommes.

§ XVI.

De la médecine.

Chaque être tend à sa conservation : voilà l'origine de l'art médical.

On tourne en ridicule les médecins, lorsqu'on est en état de santé ; est-on malade ? on les consulte comme des oracles, on les invoque comme des divinités.

Les remedes sont presque aussi à craindre que les maladies : la médecine ne s'en tient pas toujours à ne faire point de bien,

La partie de la médecine qui apprend à se conserver en état de santé n'est pas à dédai gner ; l'*bigiène* devroit entrer dans l'éducation. Savoir vivre, intéresse tous les hommes.

§ XVII.

Des somnambules.

Un somnambule est une personne qui dort, et qui ne dort pas ; c'est-à-dire, qui marche en dormant, qui ouvre, ferme des portes, se promene, travaille, écrit, toujours en dormant.

La physique et la médecine sont un peu embarrassées pour trouver l'explication de ce phénomene. Elles l'auroient bien nié ; mais les somnambules son trop communs, il a fallu avouer qu'on y entendoit *goutte.*

A propos de somnambule, il me revient une aventure à laquelle cette espece de maladie a donné lieu. Une jeune femme mariée à un vieux mari, se levoit toutes les nuits et sortoit de la chambre où ils couchoient tous deux ; après quelques jours, l'époux demanda à sa femme ce qui l'obligeoit à se lever la nuit ; « je

« suis somnambule, dit-elle, j'ai le mal-
« heur de courir en dormant, et je crains
« même de vous incommoder ; car il m'est
« arrivé pendant que j'étois fille de battre
« cruellement ma sœur ; je n'ai pas osé vous
« prévenir, si cependant je venois à vous
« faire quelque mal, n'en soyez pas fâché,
« parce que c'est une maladie. Parbleu, re-
« prit le bon mari, maladie tant que vous
« voudrez, peu m'inporte ; je ne veux pas
« me faire assommer, vous coucherez seule. »
Il donna dès lors à sa femme une chambre éloignée de la sienne, et il se barricadoit tous les soirs, de crainte qu'elle ne vint encore le visiter dans ses accès.

§ XVIII.

Des augures.

L'art des augures est si ancien, qu'il tombe presque dans l'oubli. Il y a encore de bonnes gens qui y croient, et des fripons qui en profitent.

On ajoute foi, même de nos jours, aux hurlemens d'un chien, aux cris d'une chouëtte ; comme si ces animaux avoient quelque rapport avec ce qui peut nous arriver.

On se fait dire la *bonne-fortune* par des mendiants qui, malgré la faculté qu'ils ont de lire dans l'avenir, se laissent souvent tomber dans les mains de la justice, qui les punit toujours comme ils le méritent.

Il y a des *tireurs de carte* qui promettent de voir dans le jeu, ce qu'on a fait et ce qu'on fera. Ces drôles trouvent des imbécilles qui les payent.

La *baguette divinatoire*, le *verre d'eau*, le *marc de caffé*, le *plomb fondu*, la *saliere renversée*, le *vin tombé sur la nappe*, un *moine vu d'abord en se levant*, sont des affaires de conséquence pour certains pauvres croyans, parce que le hazard aura fait trouver dans une fâcheuse circonstance un moment après une telle prédiction, ou une telle rencontre, ils ne peuvent plus être désabusés.

Hélas ! l'avenir est si caché, que les *devins* n'ont pour tout bien que ce qu'ils volent.

§ XIX.

De la religion.

Les bienfaits que les hommes reçoivent chaque jour d'un être au-dessus d'eux, leur inspire un juste sentiment de reconnoissance : ce sentiment s'exprime par le culte divin. Le but de toutes les religions est de rendre hommage au créateur.

On compte différens cultes dans l'Univers, tous annonçent la soumission qu'on doit au Tout-Puissant. Il y a beaucoup d'especes de religion ; elles prêchent toutes la vertu ; elles tendent au bon ordre. Le *fanatisme* seul est un monstre dangereux.

§ XX.

Des adversités.

Apprendre de bonne heure à savoir se passer du superflu, sans cesse réfléchir à l'inconstance de tout ce qui nous environne, c'est certainement le moyen de braver toutes les adversités. La maladie est la plus grande de toutes, surtout lorsqu'elle est une suite de nos dérèglemens, car alors le remord se joint à la peine. Cependant le sage sait se consoler, il respecte la main cachée qui le frappe, et la paix est toujours dans son cœur.

La vie est courte : les heureux du siecle passé ne sont plus : que leur reste-t-il de leur grandeur, de cette aisance où se délectoit leur être ?

Les adversités sont un bien ; l'homme égaré par une fougueuse jeunesse, apprend enfin par elles, à tourner un regard sur lui ; elles lui font sentir la foiblesse humaine ; et s'il sait soumettre son cœur au mal qui lui arrive, ce tems de douleur n'est pas perdu, ses égaremens passés lui sont pardonnés.

§ XXI.

De la solitude.

Vivre dans la solitude, n'est pas se soustraire à ses devoirs, ce n'est pas refuser des secours aux malheureux. On n'a pas besoin pour être dans la solitude, d'aller s'enterrer dans des grottes, pour y rire des folies humaines et vivre au sein de la paresse et de l'indolence.

Celui qui peut s'arracher au luxe des villes, est sans doute plus heureux que celui qui y est attaché par ses besoins; mais suivre son devoir, est au-dessus de toutes les jouissances. Que vous êtes fortunés, vous que l'harmonie des oiseaux arrache des bras du sommeil, vous qui voyez en vous levant l'astre du jour colorer les campagnes! chérissez d'autant plus votre bonheur qu'il ne dépend pas du caprice des hommes de vous en priver.

Quelque soient les devoirs d'un homme, il lui reste toujours quelque tems pour converser avec lui-même. Le méchant seul fuit la solitude ; ne tremble-il pas de se connoître ?

Celui qui sait se suffire à lui-même supportera facilement les revers de la fortune ; il ne pleurera pas les grandeurs ; la privation des honneurs le touchera peu ; sage, il s'applaudira d'être libre.

§ XXII.

Des retraites monastiques.

Ce sont de grands endroits clos de grands murs, dans lesquels la premiere institution défendoit l'entrée d'un sexe différent de celui qui y est renfermé.

Les retraites monastiques seroient en effet des retraites, s'il étoit défendu aux passions de s'y introduire; mais cela ne dépend pas absolument de nous. Prononcer des vœux, et les tenir sont deux choses: le mortel qui compte trop sur lui, est tôt ou tard puni de sa témérité.

Les femmes quoique d'un sexe foible et leger, font aussi des vœux; quelquefois elles les font si jeunes, qu'elles les oublient; d'autres jurent si legérement, qu'elles s'en repentent; et de façon ou d'autre, ces pauvres vierges pleurent presque toutes sur un état qui fait leur malheur, en outrageant la nature.

Voici le plus fort argument qu'on pousse, en faveur de ces célibataires fermés sous clé;

c'est une ressource dit-on pour un pere de famille, qui a beaucoup d'enfants : belle raison ! je suis étonnée que les peuples qui n'ont point de couvents, ne demandent pas la permision d'assommer les leurs.

Celui qui vient au monde avec ses deux bras, apporte en naissant les moyens de prévenir ses besoins quand il sera homme : le malheureux qui naît estropié trouvera des ressources dans la générosité.

Tombez monstrueux remparts, qui dérobez tant de bras à l'industrie, tant de meres de famille à la société, ou préservez-les de ces monuments intérieurs qui déchirent leur ame.

§ XXIII.

De la mort.

L'homme qui a bien vécu, sait toujours mourir.

La mort n'est qu'un passage, il doit être terrible pour le méchant, mais il est l'espoir du sage.

Le trépas est inévitable, tout le monde le

sait ; cependant peu de gens y songent. Le moment arrive, on se lamente, on invoque les secours de la médecine qui prolongent quelque fois la vie, mais n'assurent jamais l'immortalité.

La mort effraie, quelque miserable qu'on soit : si l'on trouve des suicides, c'est que le furieux qui commet ce crime ne voit alors dans le coup qu'il se porte que la fin de sa peine : le suicide se tue pour ne plus souffrir ; trop lâche pour supporter sa misère, il cherche le néant : mais croît-il le trouver ? comment se justifiera-t-il devant l'Être qui lui demandera compte de sa vie ? comment s'acquittera-t-il envers la société qu'il aura quitté ?

Laissons s'approcher le moment qui doit opérer la destruction de notre machine ; faisons le bien ; vivons pour nous, et pour la société ; essuyons les pleurs de l'infortune ; et ne fermons jamais les oreilles aux cris de la douleur. En songeant à la mort, ressouvenons-nous qu'une autre vie nous attend.

§ XXIV.

De l'immortalité de l'ame.

« Oui Platon, tu dis vrai, notre ame est immortelle ;
« C'est un Dieu, qui lui parle, un Dieu qui vit en elle.
« Eh ! d'où viendroit sans lui ce grand pressentiment,
« Ce dégoût des faux biens, cette horreur du néant ?
« Vers des siècles sans fin je sens que tu m'entraînes ;
« Du monde et de mes sens je vais briser les chaînes ;
« Et m'ouvrir loin d'un corps dans la fange arrêté
« Les portes de la vie et de l'éternité. »

L'homme qui ne voit rien au-delà de lui, doit être bien à plaindre. Quel est son espoir dans l'infortune ?

J'aime à promener d'avance mon ame dans l'espace de l'éternité ; cette idée consolante flatte mon cœur ; et quelles que soient mes adversités, mon ame vole au loin vers le bonheur qui l'attend.

Celui qui ne voit dans notre ame qu'un résultat d'organisation qui n'est plus rien dès que le corps a perdu le mouvement, deshonore l'humanité. Ce sistême impie ne laisse à l'infortuné que le désespoir pour ressource, il autoriseroit le vicieux à murmurer contre les loix, et l'idée du néant feroit le malheur de la société.

Tout ce qui existe dans la nature nous annonce un être au-dessus de nous ; jugeons par les biens qu'il nous fait, de ceux que nous prépare sa bonté.

§ XXV.

De l'éternité.

« Eternité ! quel mot consolant et terrible !
« O lumière ! ô nuage ? ô profondeur horrible !
« Que suis-je ? où suis-je ? où vais-je ? et d'où suis-je tirée ? »

Eternité : ce mot s'entend, mais ne se comprend pas. L'idée d'une chose qui ne peut avoir de fin est au-dessus de la conception des mortels.

Le flambeau de la religion nous éclaire, c'est par elle que nous pouvons d'ici bas jetter nos regards dans l'espace immense de l'éternité. Elle nous y montre une main céleste qui récompense l'homme vertueux, par un bonheur qui ne finira jamais.

Fin des pensées diverses.

DOPPET

*Député de l'Assemblée Nationale des Allobroges
auprès de la Convention Nationale de France
et Lieutenant Colonel de la Légion des Allobroges.*

D'après l'exemplaire unique du portrait gravé
donné en 1880 au Musée départemental de Chambéry par le député Chevallay.

LE BIOGRAPHE

DE

MADAME DE WARENS

AMÉDÉE DOPPET, DE CHAMBÉRY

LE BIOGRAPHE

DE

MADAME DE WARENS

Amédée Doppet, de Chambéry

Ces Pensées ne sont probablement pas de Madame de Warens ; insérées à la suite des *Mémoires*, elles ont été, comme eux, mises en œuvre par Amédée Doppet qui, cependant, dans une lettre, datée de Chambéry, de 1785, prétendait avoir retrouvé le bréviaire de Mme de Warens. En publiant ces Pensées, Amédée Doppet les avait corrigées et augmentées ; depuis, Arsène Houssaye en a fait de même, dans son livre *les Charmettes*. Le texte, qui précède, est le seul conforme à l'édition publiée par Doppet, en 1785. S'il est difficile de reconnaître ce petit monument de Madame de Warens, sous le badigeon de son premier éditeur, ces Pensées n'en présentent pas moins un très curieux ensemble des idées reçues, à Chambéry, au XVIIIe siècle, parmi la bourgeoisie éclairée, en admettant, même, qu'elles soient complètement du crû de Doppet. « Il lui tomba, dit Arsène Houssaye, au sortir du collège, les papiers de Madame de Warens ; cette bonne fortune lui fit croire qu'il allait devenir célèbre comme Rousseau. » Il n'en est rien. Les *Mémoires de Madame de Warens* prouvent, à première lecture, que Doppet ne savait aucun détail de la vie de la baronne, à part ce que les *Confessions* venaient d'en révéler. Il est reconnu que les dépositaires du manuscrit de Rousseau n'osèrent d'abord publier qu'une partie des *Confessions*, les six premiers livres, intitulés : *les Confessions de J.-J. Rousseau, suivies des rêveries du promeneur solitaire*, Genève, 1781-1782, 2 volumes in-8°. Le Ve livre (1732-1736) donne le récit de la période d'épreuves et d'inconsistance, qui dura jusqu'à l'arrivée du philosophe à Paris. C'est précisément dans ce livre qu'il a illustré les

Charmettes, habitées avec Madame de Warens. Or, les faux *Mémoires* de Doppet sont datés de 1785 ; éditée à Berne, et non à Chambéry comme l'indique le volume, par Hugot de Basseville, cette supercherie littéraire semble avoir été mise au jour pour profiter de la vogue qui accueillit les *Confessions,* à l'apparition des six premiers livres. Dénué de toute vérité historique, le factum de Doppet, comme beaucoup d'autres publiés depuis, a la prétention de charger la mémoire de Jean-Jacques. La vérité, de nos jours, a repris tous ses droits. Pour rendre l'imposture plus complète, un frère de Doppet, Claude-Antoine, commit les *Mémoires de Claude Anet,* insérés dans le même volume, *pour servir de suite à ceux de Madame de Warens.* Arsène Houssaye dit qu'ils suivirent ces derniers chez l'épicier. Le volume in-8°, de 1785, qui les contient tous deux, est à la vérité devenu très rare. Le seul exemplaire, dans le commerce, que j'ai pu en obtenir, en 1884, m'a été fourni par le libraire Ottomar Beyer, de Prague. Quant à l'ouvrage

Vintzenried, ou Mémoires du chevalier de Courtille ; Lausanne, 1786, in-12, par le même Amédée Doppet, il m'a été complètement impossible d'en consulter un exemplaire. Je m'en console, ayant retrouvé, en partie, la correspondance du perruquier bernois ; les documents, inédits pour la plupart, publiés à la page 159 de ce livre, présenteront les agissements du sire sous leur véritable jour, jusqu'en janvier 1754.

Ecrivain fécond, Amédée Doppet fut un grand Français, un esprit actif, un militaire courageux. Au début de la Révolution, son ouvrage : *Etat moral, physique et politique de la Maison de Savoie*, avec une esquisse de portraits de la Maison régnante, Paris, 1791, in-8°, motiva la condamnation à mort de l'auteur, qui assista d'une fenêtre de galetas, à Chambéry, à sa pendaison en effigie. Dès le 23 octobre 1792, nous le voyons présider l'Assemblée nationale des Allobroges. Sa conduite, au siège de Lyon, comme général en chef, fut excellente. Il faut donc lui pardonner sa pitoyable publication des *Mémoires de Madame de Warens*. S'il fut injuste à l'égard de Rousseau, la postérité le fut aussi pour lui. Personne, à Chambéry, ne connaît Doppet ; nul monument ne rappelle son souvenir. Seule une rue, peu fréquentée, porte son nom. Comme Athènes, Chambéry frappe de l'ostracisme de l'oubli ses plus glorieux enfants.

Ouvrons le livre de Jules Philippe, *Les Gloires de la Savoie*, chapitre IV, XIV, pages 64 à 66, édité à Paris, chez Clarey, en 1863 ; il nous fera connaître Doppet :

« Quelque temps après que la Révolution française eut commencé à ébranler le monde, les Alpes devinrent un des remparts de la jeune République ; la vieille Allobrogie retourna à la Gaule, et toutes deux marchèrent unies dans la victoire comme dans les revers. Le sang savoyard arrosa tous les champs de bataille de la République et de l'Empire, et partout nos robustes montagnards se montrèrent jaloux de conserver la réputation de bravoure que leurs ancêtres s'étaient acquise.

« Le premier capitaine que fournit la Savoie dans cette époque mémorable fut le général DOPPET, né à Chambéry en 1753. Après s'être engagé dans un régiment de cavalerie française, Doppet, dégoûté du service militaire, alla à Turin où il fit son cours de médecine. Etabli ensuite à Paris, il prit une part active à la grande question soulevée par Mesmer et qui agitait alors les savants, celle du magnétisme animal. La Révolution éclata, et Doppet, qui avait fixé sa résidence à Grenoble, embrassa avec ardeur les principes démocratiques ; il partit pour Paris avec Aubert-du-Bayet, et bientôt il devint un des membres les plus actifs du club des Jacobins qu'il présida plusieurs fois.

« Doppet travailla plus que tout autre à préparer la réunion de la Savoie à la France, et lorsque l'Assemblée nationale décréta la formation de la *Légion franche des Allobroges*, il fut nommé lieutenant-colonel de cette troupe que Bonaparte eut plus d'une fois sous les yeux et qu'il qualifia souvent du titre d'*excellente*. Protégé par son parti politique alors à la tête du gouvernement, et grâce à sa bravoure éprouvée, notre jeune

D'après le tableau de P. Batoni, [illegible] sculp.

Fac-simile réduit de 1/10e environ

compatriote franchit avec rapidité les degrés de la hiérarchie militaire, et il assista au siège de Toulon en qualité de général de brigade. Puis il passa au commandement de l'armée des Alpes et fut chargé de faire le siège de Lyon comme général en chef.

« On connaît le sort de cette malheureuse ville, dit un biographe de Doppet ; mais ce que l'on ignore, c'est que Doppet, ardent sans-culotte, loin de prendre part aux atrocités commises par les Couthon, les Collot-d'Herbois et autres, contre les Lyonnais, sauva la vie à plusieurs de ces derniers au péril même de la sienne.

« Doppet se vit ensuite investi du commandement en chef de l'armée des Alpes, et successivement de celle de Toulon et de celle des Pyrénées-Orientales ; enfin, la chute des Jacobins le surprit dans les deux Cerdagnes, où il était allé remplacer le général Dagobert et où il avait obtenu quelque succès. Il tomba avec son parti ; ardent républicain, il ne voulut pas pactiser avec ceux qu'il regardait comme des réactionnaires ; il se retira de la scène politique et mourut à Aix en 1800. Doppet brilla plus par sa bravoure que par ses talents militaires, mais il n'en doit pas moins être compté au nombre des hommes remarquables qu'enfanta la Révolution, au nombre de tous ces jeunes généraux, la plupart improvisés, qui montrèrent, au premier jour de bataille, autant de sang-froid, de courage et d'expérience que des chefs vieillis dans les camps.

« Doppet a publié une assez grande quantité d'ouvrages scientifiques et politiques. Ses *Mémoires politiques et militaires*, qu'il fit imprimer en 1797, ont été reproduits dans la *Collection des Mémoires de la Révolution française*, en 1824. »

Un autre Savoyard, Michaud, dans sa *Biographie universelle*, ancienne et moderne, tome onzième, Paris, 1852, retrace ainsi la vie du biographe de Mme de Warens:

« Doppet (François-Amédée), né à Chambéri, en mars 1753, s'enrôla fort jeune dans un corps de cavalerie, d'où il passa dans les Gardes françaises. Après trois ans de service, il reprit ses études et se fit recevoir docteur en médecine à l'Université de Turin. N'ayant pas réussi à la Cour, où il avait cherché à se faufiler, il voyagea en Suisse, visita Paris et publia des livres de médecine, des romans et des poésies, qui n'eurent et ne méritaient aucun succès. Il écrivit contre le magnétisme, essaya de se faire connaître par des idées singulières, et montra dans tous ses ouvrages beaucoup de tendance vers les principes républicains. Doppet, au commencement de la Révolution française, s'établit à Grenoble, et les démocrates de cette ville firent imprimer, à leurs frais, plusieurs de ses discours où, dans un style qui a quelquefois des mouvements heureux, il déclamait en faveur des opinions dominantes. Conduit à Paris par Aubert Dubayet, il s'y affilia aux diverses sociétés populaires qui avaient alors une si grande influence sur l'esprit public, et travailla aux *Annales patriotiques* de Carra et Mercier, depuis le commencement de l'année 1792, jusqu'à la journée du 10 août. Il fut un des acteurs de cette insurrection, à la suite de laquelle il sauva la vie à plusieurs Suisses.

Le club des Etrangers et la légion des Allobroges lui durent leur formation. Un décret de l'Assemblée législative le nomma lieutenant-colonel de cette légion, dont le dépôt était à Grenoble. Lorsqu'après l'invasion de la Savoie (1792), les Savoisiens formèrent une assemblée nationale, Doppet y fut nommé par la ville de Chambéri ; il provoqua la réunion à la France, et fut un des quatre députés qu'on envoya à la Convention pour cet objet. Pendant la guerre du *fédéralisme*, il servit comme général de brigade dans l'armée du Midi, commandée par Carteaux. Nommé général en chef de l'armée des Alpes, il dirigea le siège de Lyon, et entra dans cette malheureuse ville le 9 octobre 1793. On doit lui rendre la justice que, malgré l'exagération de ses principes, il fit tous ses efforts pour empêcher le pillage et l'effusion du sang. On lui donna alors le commandement de l'armée chargée de reprendre Toulon. Il en commença le siège et passa bientôt après à l'armée des Pyrénées-Orientales. Il repoussa d'abord les Espagnols à la petite affaire de St-Luc, et s'empara de leur camp de Villelongue, mais une maladie fort grave l'arrêta. Ce fut alors qu'on envoya le général Dugommier pour commander à sa place. Doppet ayant recouvré la santé, les représentants du peuple, Soubrani et Milhaud, le mirent à la tête des troupes qui étaient dans les deux Cerdagnes, et qui n'avaient point de chef depuis la mort de Dagobert. Il entra alors en Catalogne, défendit Belver en battant les Espagnols, mit Mont-Louis en état de résister, et dans l'espace de sept jours prit Dory, Tores, Ribbes, Campredon, St-Jean-des-Abadessas et Ripoll, après plusieurs combats dont le succès lui fut vivement disputé. Mais ayant ensuite éprouvé des revers, il en accusa les généraux Delâtre et Daoust, dans une lettre adressée à la Convention et signée *le sans-culotte* Doppet. Sa mauvaise santé le força bientôt de quitter le commandement, le 28 septembre 1794. La chute des Jacobins le laissa longtemps sans emploi ; mais en 1796 il fut nommé au commandement de Metz, qu'il conserva peu de temps. Rappelé sur la scène par l'effervescence qui suivit la célèbre journée du

18 fructidor, il fut nommé au conseil des Cinq-Cents par l'assemblée électorale du Mont-Blanc en l'an 6 ; mais la loi du 22 floréal annula nominativement cette élection. Depuis lors il a été comme oublié, et il est mort à Aix en Savoie, vers l'an 1800. S'il n'a pas montré des talents militaires, on ne peut sans injustice lui contester de la bravoure, et si sa conduite révolutionnaire n'est pas à l'abri de reproches, on doit reconnaître qu'il ne fut point méchant, mais que la faiblesse de sa tête ne lui permit pas de maîtriser son enthousiasme, qui allait jusqu'au délire.

« Ses ouvrages sont : 1° *La Mesmériade*, poème burlesque, Paris 1784 ; 2° *Traité théorique et pratique du magnétisme animal*, Turin, 1784, 1 vol. in-8°. Cet ouvrage a été traduit en allemand, Breslau, 1 vol. in-8°, et ne méritait pas cet honneur ; 3° *Oraison funèbre de Mesmer et son testament*, Genève, 1785, in-8° ; 4° *Les Mémoires de madame de Warens*, Genève et Paris, 1785, in-8°. Hugot de Basseville a été l'éditeur de cet ouvrage. Les *Mémoires de Claude Anet*, qui suivirent ceux de madame de Warens, ne sont pas du général Doppet, mais d'un de ses frères. 5° *Le Médecin philosophe*, 1786. C'est une déclamation contre les vendeurs et distributeurs de remèdes secrets. 6° *Le Médecin d'amour*, Paphos et Paris, 1787, in-8° ; ouvrage *médico-romancier*, pour nous servir des expressions de l'auteur. 7° *Les Numéros parisiens*, Lausanne, 1787, 2 vol. in-18. C'est un avis aux étrangers qui visitent Paris. 8° *Mémoires du chevalier de Courtille*, Lausanne, 1787, in-12. Courtille est un personnage qui a longtemps vécu en Savoie, et dont Rousseau parle dans ses *Confessions*. 9° *Célestina ou la Philosophie des Alpes*, Lausanne, 1787, in-12. C'est sans doute une nouvelle édition de ce roman que Barbier indique sous la date de 1789, à Paris, in-12. 10° *Aphrodisiaque externe, ou traité du fouet et de ses effets sur le physique de l'amour, ouvrage médico-philosophique*, etc., sans indication de lieu (Genève), 1788, in-18. Quelques exemplaires ont pour titre : *Traité du fouet, ou aphrodisiaque externe*, à Paris, chez les marchands de nouveautés. Ce n'est point, ainsi que l'ont cru quelques biographes, une traduction du traité de Meiboinius, *de Usu fla-*

grorum in re venerea : Doppet, dans son discours préliminaire, déclare qu'il a consulté ce savant médecin, mais sans le suivre. 11° *Des moyens de rappeler à la vie les personnes qui ont toutes les apparences de la mort,* Chambéri, in-8°. 12° *Manière d'administrer les bains de vapeurs et les fumigations,* Turin, 1788, in-12, avec figures. L'Académie de Turin accorda son approbation à cet ouvrage. 13° *Médecine occulte ou Traité de magie naturelle et médicinale,* 1788, in-8°. 14° *Zélamire ou les Liaisons bizarres.* 15° Plusieurs brochures sur la Révolution, telles que l'*Adresse au prince du Piémont ; les Réflexions historiques et pratiques sur les élections ; la Réponse de la légion franche Allobroge aux armées de la république ; Où sera-t-il ? L'Echo des Alpes,* journal démocratique, in-4°, imprimé à Carouge, commencé vers la fin de 1797, et qui n'a duré que quelques mois. 16° *Etat moral, civil et politique de la maison de Savoie,* Paris, 1791, in-8°. Cet ouvrage, qui eut une 2e édition l'année suivante, a été traduit en allemand par Brunn, 1793, in-8°. A travers ses exagérations de tout genre, il contient quelques faits curieux.

17° *Le Commissionnaire de la ligue ou le Messager d'Outre-Rhin*, Paris, 1792, in-8°. C'est la confession d'un chevalier d'industrie, émigré, qui rentre en France. Il raconte plusieurs anecdotes relatives à l'émigration. 18° *Destruction de la Vendée Lyonnaise, ou Rapports des événements y arrivés jusqu'à la reddition de Ville affranchie*, 1793, in-8°. 19° *Eclaircissement sur la fuite et l'arrestation des fuyards de Lyon*, Villefranche, 1793. 20° *Mémoires politiques et militaires du général Doppet*, Carouge, 1797, in-8°. C'est le meilleur ouvrage de l'auteur. Il contient des faits curieux dont un historien pourra profiter ; mais le style en est très mauvais. 21° *Essai sur les calomnies dont on peut être accablé en révolution, et sur la manière avec laquelle doit y répondre un citoyen*, Carouge, in-8°. »

Cet article est signé Bourgeat.

Jules Philippe fait mourir Doppet à Aix en Savoie, en 1800 ; Bourgeat écrit *vers l'an 1800*. André Folliet aggrave encore cette erreur, dans son livre, publié en 1887, chez Baudoin et Cie, à Paris : *Les Volontaires de la Savoie*, 1792-1799, *la légion allobroge et lesba-*

taillons du Mont-Blanc. Il dit, à la 1re partie, chapitre VIII, dans ses notices biographiques, en parlant d'Amédée Doppet : « Général de brigade le 21 août, et général de division le 20 septembre 1793, il commanda en chef au siège de Toulon, au siège de Lyon, aux Pyrénées-Orientales et Occidentales. *Il tomba ensuite dans une obscurité telle, que l'on ignore la date exacte de sa mort.* » Or, Doppet ne déposa l'épée qu'en 1796 et fit paraître son meilleur ouvrage, qui ne fut pas le dernier, en 1797. Il ne mourut pas à Aix, ni en 1800. Son épitaphe, au cimetière de Chambéry, porte ces mots :

AMÉDÉE DOPPET,

DOCTEUR-MÉDECIN,

COLONEL DE LA LÉGION DES ALLOBROGES,

GÉNÉRAL EN CHEF DES ARMÉES DES ALPES,

DU MIDI ET DES PYRÉNÉES-ORIENTALES,

NÉ A CHAMBÉRY, LE 8 MARS 1753,

DÉCÉDÉ LE 28 AVRIL 1799, DANS LA MÊME

VILLE.

Mme DE WARENS AUX CHARMETTES

D'APRÈS

DES DOCUMENTS INÉDITS

Mme DE WARENS AUX CHARMETTES

D'APRÈS

DES DOCUMENTS INÉDITS

M. C. Guillermin a publié, en 1856, dans le tome Ier des *Mémoires et documents publiés par la Société savoisienne d'histoire et d'archéologie*, le bail passé par M. Noirey, propriétaire d'une maison et d'un domaine aux Charmettes, à Madame de Warens. Voici la teneur de ce document, collationnée sur l'original déposé aux Archives départementales de la Savoie :

ASSENSEMENT

passé par noble Claude-François Noerey, capitaine des grenadiers du régiment de Tharentaise, à dame Louise-Eléonor de la Tour, baronne de Vuarrens, du 6 juillet 1738, pour le terme de neuf années.

Cense....... 220 liv.

L'an mil-sept cent-trente-huit, et le sixième du mois de juillet, à Chambéry, dans la maison du seigneur comte de St Laurent, où habite Dame Françoise-Louise-Eléonore de Latour, baronne de Vuarrens, pardevant moy notaire collègié, soussigné, et en présence des témoins sousnommés, s'est établi et unstitué noble Claude-François, fils de feu noble Celius (ou Celvis) Noërey, capitaine grenadier dans le régiment de Tarentaise, natif et habitant de cette ville, lequel, de gré, pour luy et les siens, at ascensé, ainsi que, par le présent, il ascense à la dame Françoise-Louise-Eléonore de Latour baronne de Vuarrens, native de Vevay, habitante en la présente ville, cy présente et acceptante, les biens appartenant au dit noble Claude-François Noerey, situés aux Charmettes et à Montagnole; consistant en maison, granges, prés, vergers, terres, vignes, et généralement en quoi qu'ils se consistent et puissent consister, sans s'y rien réserver, et tels que les a tenus cy-devant Me Pierre Renaud, procureur au Sénat, par contract d'ascensement du huit may mil-sept cent trente-sept, reçu par Me Falquet, notaire, dont les confins sont icy tenus pour exprimés; et c'est pendant le terme de neuf années, neuf prises entières perçues et recueillies, a commencé par la prise de la présente année, qui a été remise toute entière à ladite dame, et à finir au dernier juin de l'année rendue dudit ascensement, sous la cense annuelle de deux cent-vint livres, payables aux festes de Noël de chaque année; dont le premier paiement commencerat aux festes de Noël prochaines, et ainsy à continuer, d'année en année, pendant la durée du présent; ledit ascensement passé sous la condition cy-après, savoir : qu'il sera prit acte et état de la maison et autres bâtiments en dépendans; après quoi sera tenue ladite dame d'entrenir lesdits bâtiments en bon père de famille; d'avoir soin et faire cultiver lesdits biens, aussi en bon père de famille, sans y laisser introduire aucune servitude; que ladite dame paiera les servis des dits biens, aux seigneurs des fiefs dequi lesdits dépendent, et en rapportera quittance audit ascensateur, à la fin de chaque année;

Etant convenu en outre que si, pendant la durée du présent, lesdits biens ou quelqu'uns d'iceux, dépendant dudit ascensement, viennent être mis à la taille, ensuite de la péréquation générale, lesdites tailles seront à la charge dudit sieur ascensateur; Ayant aussi été convenu que si ladite dame de Vuarrens fait quelques réparations et améliorations dans les dits biens, elles resteront acquises audit sieur ascensateur; Serat tenue ladite dame de Vuarrens de rendre, à la fin du présent, la somme de cent-septante-quatre livres, onze sols, huit deniers, pour le chadal de deux bœufs et deux vaches, qui lui ont été remis par ledit Me Renaud, outre dix brebis ou moutons, sept poules et un coq, qui luy ont été de même remis par ledit Me Renaud, et de laisser cinq vaisseaux de froment, cinq de seigle, cinq d'orge et trois quartans de fèves, à la fin du présent, ensemencés dans lesdits biens, attendu que la même quantité de bled luy a été remis ensemencé; bien entendu cependant que le droit colonique, soit la moitié des grains qui proviendront desdits grains qui doivent être laissés à la fin du présent, appartiendrat à ladite dame de Vuarrens, soit à ceux qui auront le droit d'elle, ladite quantité des semences cy-dessus, prélevée préalablement, et c'est en achevant, par ladite dame, la culture desdits biens. Sera aussi tenue ladite dame, de laisser les vignes dépendantes desdits biens duement cultivées, comme elles les a trouvées au mois de juin dernier. Sera aussi tenue ladite dame, de rendre, à la fin du présent, un charriot estimé vint livres, une charrue, une herce et un barroton, le tout fort usé, et presque hors de service, et rendre aussi, à la fin du présent, six quartans de bled noir, qui luy ont été remis ; Et concernant les meubles qui sont dans la maison dudit sieur ascensateur, il en sera pris un mémoire entre lesdites parties, par elles signé, qui fera corps du présent. — Au moyen de tout ce que dessus, ladite dame de Vuarrens promet bien payer ladite cense de deux cent vint livres annuellement, au terme cy-dessus exprimé, à peine de tous dépens, dommages, intérêts, à l'obligation de tous ses biens présens et à venir, qu'elle se constitue tenir ; Et ledit sieur Noërey promet faire jouir ladite dame desdits biens ascensés, pendant la durée du présent, aux mêmes peines et obligations de biens que cy-devant. — Ainsi convenu entre lesdites parties, qui ont promis observer le contenu du présent, chacune en ce qui la concerne, et de ne venir au contraire, directement ou indirectement, en jugement ni dehors, aux mêmes peines et obligations de biens que cy-devant. Passé sous et avec toutes autres dues promissions, soumissions, renonciations et clauses requises. Fait et prononcé au lieu que dessus, en présence du sieur Philibert Falquet, secrétaire de l'intendance générale de Savoie, bourgeois de Chambéry, et du sieur Jean-Jacques Rousseau, habitant en la présente ville, témoins requis, qui ont signé avec les parties, sur la minute qui contient quatre pages et trois quart d'autre, sur trois feuillets, outre la signature et mon verbal ; expédié audit noble Noërey, après l'avoir fait insinuer au bureau du tabellion de Chambéry, au folio 523 du second livre de ladite année 1738, et paié le droit, ainsy que par quitance du sieur Charroct, secrétaire insinuateur, du huit juillet mil-sept cent-trente-huit, mise au bas de ma minute, quoyque d'autre main soit écrit.

Signé : RIVOIRE, *notaire.*

Ce bail amena quelques difficultés et finalement une transaction, le 10 mars 1740 ; voici la copie de ce document inédit :

L'an mil sept cents quarante et le dix Mars après Midy, a Chambéry dans la maison du Seig[r] Comte de St Laurent ou habite la Dame Baronne de Warens, Comme ainsy soit que par contract du sixième juillet mil sept cents trente huit, Rivoire notaire, Noble Claude François Noëray aye assencé a Dame françoise Eleonnore de Latour Baronne de Warens ses biens et Batiments citués aux Charmettes pour le terme de neuf ans, sous la Cense dont y est fait estat, et sous condition que la ditte dame faisant quelques réparations dans les Biens assencés, elles resteroient acquises audit sieur Noëray ; de l'Ecriture duquel contract il pourroit en naitre une difficulté en ce que la d. Dame avoit bien entendu effectivement de ne pouvoir repetter aucune des reparations qu'elle feroit dans les Biens Cultifs mais elle pretendoit n'avoir pas entendu comprendre dans cette reserve celles qu'elle feroit aux Batiments ce qui l'auroit engagée den venir a une Explication avec le d. sieur Noëray qui seroit effective-ment demeure d'accord que l'on navoit en-tendu parler que des reparations a faire aux fonds Cultifs, mais que par contre il n'enten-doit pas que la d^e Dame fisse des réparations aux Batiments sans son consentement, du moins en vue de les repetter ; et de là les Parties seroient entrées dans une discussion de quantité de réparations que la d^e Dame a desjà faites aux Batiments assencés depuis qu'elle jouit des d. Biens ; lesquelles ayant esté estimées dans le meme (menu ?) et à bas prix se sont trouvées revenir à la somme de mil livres ; mais comme les Parties estoient à la veille d'Entrer dans un Procès sur ce que le d. sieur pretendoit navoir pas donne son consentement aux reparations qu'avoit fait faire la d. Dame, cellecy se seroit déclarée qu'au moyen quaprès l'Expiration de l'assencement dont il est fait cy devant estat, elle fut la Maîtresse de continuer la jouissance des Biens et Batiments assencés moyennant le Payement de la même cense convenue par le dit contract pendant tout le tems qu'elle souhaiteroit, Elle consentoit à cette condition de ne pouvoir pas repetter les mil livres a quoy ont esté fixees les reparations faites jusques a ce jour ; mais par contre quand le d. sieur Noëray ou les siens refuseroient de luy continuer le dit assencement sa vie durant et de le renouveller de terme en terme ; quandit cas elle entendoit que le d. sieur Noëray fut obligé de luy payer la d. somme de mil livres argent comptant pour les reparations par elle faites jusques aujourd'huy ; Elle avoit cependant déclaré que par cy après tenant à faire quelques reparations aux d. Batimens, elle n'entendoit pas de les repetter, amoins qu'elle neut pour cet effet un consentement du d. sieur Noëray ; et comme les propositions de la d[e] Dame ont parues raisonnables au d. sieur Noëray il en a esté dresse la Transaction qui suit aquelles fins Pardevant moy notaire soussigné presens les Témoins bas nommés, se sont personnellement Etablis et constitués le d. Noble Claude françois fils de feu Noble Colins Noëray, Major au regiment de Tarentaise natif et habitant de cette ville d'une part ; Et la ditte Dame françoise Eléonore de Latour Baronne de Warens fille de feu noble Jean-Bap^{te} de Latour du Pays de Vaux canton de Berne en Suisse, native de Vevay habitante en cette ville ; lesquelles parties apres avoir convenu et reglé les reparations faites jusques à ce jour aux Batiments dont est fait cy devant Etat a la somme de mil livres ont convenu et par mutuelles et respectives stipulations et acceptations que le d. seig^{r} Noëray remboursera a la d. Dame ainsy qu'il promet la susditte somme de mil livres Lors et quand luy ou les siens refuseront de continuer à la ditte Dame l'assencement cy devant narré et de le renouveller de terme en terme autant que le souhaitera la ditte Dame Baronne de Warens, et même pendant tout le cours de la vie naturelle d'icelle ; du payement de laquelle somme, le d. Sieur Noëray restera cependant liberé au moyen qu'il satisfasse aux conditions cy dessus de même que les siens. Et au surplus il a este convenu que la d[e] Dame venant à faire par cy apres quelques reparations aux Batimens dont s'agit elle ne pourra les repetter sous quelque pretence que ce soit que dans le cas ou elle feroit conster que le d. sieur Noëray luy en a donné son consentement exprés ; le tout ainsy convenu entre les Parties qui ont promis observer le contenu au present a peine de tous depens dommages et interests, et à l'obligation de tous leurs biens presents et avenir qu'Elles se constituent à ces fins tenir ; et sans entendre les Parties deroger par le present à l'inventaire qui doit estre fait en conséquence dudit assencement signé Rivoire lequel inventaire sera fait nonobstant le present. fait et prononce en presence du sieur Philibert Falquet conseiller de cette ville, et Sr Claude Repos tous deux habitant en cette ville Temoins requis lesquels et les Parties ont signés à la minutte de moy Bertrand Genin notaire Recevant qui ai expédié le present a la ditte Dame Baronne de Warens appres l'avoir insinue au fol. 925 du premier livre de 1740 et paye le droit suivant le certificat du Sr Delabeye du 26 avril ditte année quoyque d'autre main soit ecrit.

Signé : Rivoire.

Dans ses *Nouvelles Recherches sur les Confessions et la Correspondance de Jean-Jacques Rousseau*, publiées à Oppeln en 1880, M. Eugène Ritter, professeur à l'Université de Genève, dit :

« Les années aujourd'hui les plus obscures de la vie de Jean-Jacques sont celles qu'il passa à Chambéry, de dix-neuf à vingt-cinq ans. Nous aurons pour cette période les éclaircissements que nous avons obtenus pour les autres, quand quelque savant de Chambéry voudra bien se donner la peine de chercher et de publier certains documents qui nous mettront en mesure de contrôler le texte du livre V des *Confessions*.

Le testament de Rousseau (Chambéry, 27 juin 1737) le *mémoire au gouverneur de Savoie* (écrit sans doute quelques jours plus tard) la quittance notariée de J.-J. Rousseau pour sa part dans l'héritage de sa mère (Genève, 31 juillet 1737) et la lettre qu'il avait écrite de Genève à Mme de Warens, quelques jours auparavant ; les cinq lettres dans lesquelles il raconte son voyage et son séjour à Montpellier à la fin de l'année 1737 : toutes ces pièces jettent à ce moment beaucoup de lumière sur le récit des Confessions, très confus par suite de la grave erreur qui avance de deux ans (de 1738 à 1736) l'entrée aux Charmettes.

Revenu de Montpellier, Rousseau retrouva à Chambéry Mme de Warens, et y passa l'hiver avec elle ; au printemps, ils cherchèrent une maison de campagne dans les environs, en essayèrent deux ou trois, et s'installèrent enfin aux Charmettes. Une date qu'il serait essentiel, mais qu'il sera difficile de préciser, est celle de l'arrivée de Rodolphe Winzenried (dit de Curtilles) qui vint tout gâter. Le souvenir plein de charme que Rousseau a gardé des premiers temps de son séjour à la campagne, indique assez qu'il commença par y être seul avec

Mme de Warens, et que son heureux rival ne survint que plus tard. D'ailleurs, Rousseau est nommé seul, comme témoin, dans le bail des Charmettes ; et Winzenried, homme pratique, aurait dû l'être à meilleur titre que lui, s'il eût été déjà installé chez Mme de Warens.

Verger cher à mon cœur, séjour de l'innocence !...
Vertueuse Warens, c'est de vous que je tiens
Le vrai bonheur de l'homme !

Ces vers ne peuvent pas être de l'époque où Rousseau partageait avec Winzenried l'hospitalité de Mme de Warens. Les lettres qu'il écrivit à celle-ci, les 3 et 18 mars 1739, sont-elles exactement datées ? Je le crains ; il se peut que le pauvre garçon n'ait eu aux Charmettes que quelques semaines de bonheur. »

Répondons à M. Ritter. La date du bail de 1738 ne prouve rien. L'entrée aux Charmettes eut lieu bien avant. Ainsi que le prouve le document révélateur, la propriété de M. Noirey, aux Charmettes, par suite de son voisinage, ne fut pour Mme de Warens, qu'un lieu de tourments journaliers, d'invectives, de tracasseries. Elle eut le malheur, en ascensant ce domaine, de succéder à un procureur au Sénat de Savoie, Pierre Renaud, nommé dans le bail du 6 juillet 1738. Ce robin vit avec jalousie son remplacement, et, pour se venger, ne cessa de susciter à Mme de Warens les plus grandes difficultés. La pauvre femme, poussée à bout, écrivit, le 17 juin 1742, la lettre suivante au comte de Saint-Laurent, intendant général des finances, dans la maison duquel elle habitait, alors, à Chambéry.

Mr

Je vois avec beaucoup de regret, que M. Renaud continue d'importuner V. E. à mon sujet, j'avais résolu de garder désormais un profond silence sur toutes ses injustices, mais puisqu'il se hâte de m'accuser de ses propres torts, je sens bien qu'au lieu de me plaindre, il faut que je me justifie, heureus' M., j'ai une double défense, et dans mon propre droit et dans votre Générosité, qui probabl[t] n'hésiteront même dans un cas douteux, de favoriser une f[me] étrangère et infirme, contre les vexations d'un procureur acharné, en cas de plainte, de part ou d'autre, on sent d'abord de quel côté les préjugés doivent pencher.

Mais comment oser compter sur cet avantage ; puisqu'on prend à tache de me peindre à V. E. comme une f[me] avide de disputes et de chicanes. Ce qu'il y a de curieux, c'est que ces insinuations viennent de la part de M. R.. Qu'un homme attaqué de la jaunisse, croie voir tous les objets teint de ses propres couleurs, il n'y a rien là que de fort naturel ; mais qu'il entreprenne de le persuader aux autres, cela n'a pas grande apparence de succès : quelque défiance que j'aie toujours eue sur moi-même, ce n'est pas assurem[t] par ces endroits là que je craignais de me voir accuser.

Il y a 2 ans que la famille de M. R. exerce la maraude dans mon bien ; je ne me suis point avisée de m'en plaindre ; je leur ai laissé faire paisibl[t] toute leur petite manœuvre, sachant bien que dans le fond, il faut passer quelque chose en faveur du métier, et je me flattais que satisfaits de ma complaisance, ils se contenteraient d'une honnête contribution, et telle qu'on la doit naturellem[t] à de pareils voisins, mais M. R. sentant parfaitement mon impuissance et ses propres forces, a cru devoir s'en prévaloir dans des vues qu'il n'a eu garde d'expliquer à votre E. Il prit la peine de conduire des chasseurs et force chiens dans mes blés encore en fleurs, et comme je m'en plaignis à lui, comme nous étions tête-à-tête, il me dit confidemm[t] que tout cela était vrai, mais qu'il me défiait de le lui prouver. Je fus contrainte d'en porter mes plaintes à ses supérieurs, qui me faisant la justice de me connaître incapable d'en imposer, et le connaissant assés lui-même pour être en garde contre ses subtilités, lui ordonnèrent de faire trève à ses plaisirs bruants. qui gagnai-je à tout cela ? son dépit ne m'en attira que plus de mal ;

mon bien et mes fruits en devinrent les victimes, et sur ce que des personnes de ma maison ayant trouvé sa servante et ses enfants occupés à faire des fassines sur mon fond, eurent l'honnêteté de les laisser tranquillt aller et emporter mon bois. mde son épouse jura que nous avions très-bien fait, et qu'autremt elle serait venue étrangler mes gens jusques dans ma maison. je me le suis tenu pour dit, et comme je n'entend pas la guerre, je n'ai pas trouvé à propos d'en courir les risques, et j'ai très-expressémt défendu à mes gens de troubler le commerce de la famille Renaud.

Cependant par un travers incroyable cette dame peu contente de profiter elle-même de mes dépouilles, se fait un plaisir d'exciter les autres à en faire autant. Sur la fin de l'année passée, mes gens surprirent un homme du faubourg à couper mon bois, et comme c'était une récidive, il lui prirent son bois et sa hache, ne croyant pas que la politesse qu'ils avaient faite aux enfants de M. R. dût s'étendre à toutes sortes de personnes. Là dessus grande

Doléance de la part de M^{de} R. Elle reçut l'homme chez elle avec beaucoup de caresses, lui donna bien à manger, le garde jusqu'au soir et lui promet pour le consoler que quand il serait d'humeur d'aller à mon bois, elle aurait toujours une hache à son service : Cela n'est-il pas bien touchant ? Cependant il se trouve des gens assés bizarres pour donner à ce genre de charité un nom qui n'est pas fort-honnête.

Des chicanes plus sérieuses ont succédé. L'absence de Mr Noyrey a paru un tems favorable pour faire de nouvelles entreprises. Le lendemain de son départ, et pendant que j'étais en ville, on se mit en devoir de boucher avec des pieux le passage par lequel les bestiaux de Mr N. allaient boire à la fontaine. Un honnête homme qui se trouva par hazard à ma campagne, et qui n'était pas au fait de mes défenses, s'y étant opposé, on l'accabla d'injures et de menaces, après quoi on alla se plaindre à V. E. Vous eutes la bonté M^{r} de défendre toutes voies de fait, et d'ordonner que tout resterait en l'état actuel jusqu'au retour de M. N. ; c'est à cause de cela que M. R. se hata de combler le bassin : je m'y opposai par la raison qu'étant obligée de veiller aux intérêts de M. N. comme aux miens propres, je ne crus pas qu'il me fût permis de laisser abolir une servitude que j'avais trouve établie, et dont M. R. lui-méme s'était prévalu contre moi, quand j'étais chez Mde Revil, et lui chez M. N. Je dis donc à M. R. que V. E. ne souffrirait point qu'on fit ce tort à un officier pendant que son devoir l'appelait au service de S. M.. M. R. me répondit gravemt que ce qu'il avait commencé, il le finissait toujours ; je trouvai la sentence singulière. je me disais à moi-même que si nous étions à la place l'un de l'autre, il trouverait bien le secret de me faire interrompre un ouvrage commencé, aussi mal à-propos, et je crus, M. devoir me prévaloir de la protection que V. E. a daigné me promettre, et dont j'ai certainemt grand besoin.

Votre excellce jugea à propos pour le bien de la paix de consentir que le bassin restat comblé, et que mes bestiaux au lieu d'aller abreuver au verger, comme auparavant, allassent désormais au chemin sous diverses conditions, néanmoins, qui furent fixées par elle avec ordre à M. R. de les remplir dans l'espace d'un mois et défense expresse de ne rien innover d'ailleurs. Qu'est-il arrivé ? M. R. selon sa coutume a fait ce qui lui était défendu, et n'a rien fait de ce qui lui était ordonné ; le mois s'est écoulé sans qu'il ait touché au bassin ou au canal tel qu'ils étaient ; il a continué d'abreuver ses bestiaux dans son verger et d'y faire laver sa lessive contre ce qui était convenu, et moi je suis maintenant réduite à cause de l'incommodité du pieu qui est au chemin et de la malpropreté de l'eau d'envoyer abreuver mes bêtes ailleurs. Voilà dans le vrai l'état de la chose.

D'un autre côté, V. E. lui ayant interdit toute innovation, il a commencé à boucher des chemins communs, auxquels, quoique dans les pièces, je n'ai pas moins de droit que lui ; il y a planté des piquets et construit des passoërs, comme il les ap-

pelle ; mais de telle façon que réunissant leur propre incommodité avec celle du terrain, il était impossible, non-seulement à moi d'y passer, mais à mon domestique d'y porter aux champs le repas des ouvriers ; si j'ai hazardé de les faire détruire ; c'est que mon droit n'étant pas moins évident dans ces sentiers que dans le grand chemin même, je ne voyais plus en continuant sur ce pied, ce qui les empêcherait à la fin, de venir m'investir dans ma propre maison.

Je ne comprend pas comment toutes les subtilités de M. R. peuvent éluder cette vérité plus claire que le soleil, qu'en tout et partout M. R. a toujours été l'agresseur, et que je n'ai jamais qu'essayé de me défendre, quoique sans succès, ce qui n'est pas étonnant contre un pareil adversaire. à l'égard de ses invectives contre les gens de ma maison, le motif n'en est pas difficile à comprendre ; je ne puis pas tout voir par moi-même ; j'ai besoin de quelqu'un pour y suppléer ; c'est ce qui lui fait de la peine et il n'est pas difficile à V. E. de trouver ici l'application de la fable du loup qui voulait faire la paix avec les agneaux, à condition qu'ils se déferaient de leurs chiens. Je ne souffre chez moi que d'honnêtes gens dont la conduite est irréprochable qu'on ne peut taxer que de trop de zèle pour mes intérêts, et qui, enfin, ne voudraient faire nulle comparaison de procédé avec ceux qui les accusent.

Pour juger du caractère de M. R. il suffirait de faire un détail de la manœuvre qu'il a pratiquée en me remettant ce bien et de l'état où je l'ai trouvé. aujourdh. qu'il voit les soins que j'y ai pris et les bénédictions que la Providence répand sur mon travail, il s'est proposé de me le faire abandonner, à force de chicanes, afin d'en profiter lui-même ; car voilà le vrai mobile de tout, et c'est en effet à quoi, il faudra bien qu'il réussisse à la fin, en continuant de ce train-là ; car, moi je n'y puis plus tenir, et j'ai bien peine à croire qu'après moi il se trouve personne d'assés hardi pour se mettre à portée d'un si redoutable voisin.

Pardonnez, M., si j'ai abusé si longtems de votre attention, j'ai cru que V. Ex. daignerait souffrir que pour la dernière fois, j'eusse l'honneur de lui faire un détail sincère de mes différens avec M. R. Je ne lui demande rien, sinon du moins qu'il ne se plaigne pas, quand il me fait du tort. Je ne suis pas assez ridicule, pour prétendre qu'il soit coulant, et qu'il en agisse comme un autre homme ; je sais quels sont les droits de sa profession ; mais je souhaiterais du moins qu'il voulut se résoudre à ne me faire que le mal qui peut lui rapporter du profit. Du reste Vo E. a bien voulu se charger des intérêts de M. N., et je la supplie aussi de disposer absolument des miens. Vous êtes mon appui, vous m'avez fait l'honneur, M., de me le promettre, et toutes les fois que V. E. daignera decider quelque chose sur ce qui me regarde, elle éprouvera en moi, une obéissance et une docilité bien éloignée du Génie dont on a osé m'accuser auprès d'elle.

J'ai l'honneur d'être

La copie de cette lettre inédite est conservée, ainsi que celle de la transaction du 10 Mars 1740, aux Archives départementales de la Savoie. Sa teneur prouve que Mme de Warens, avant la date de son bail avec M. Noircy, habitait déjà dans le voisinage, aux Charmettes, *mas* appartenant à plusieurs, la propriété d'une dame Revil. Ainsi, le bail, passé avec M. Noircy le 6 juillet 1738, ne peut pas fournir à la critique la date de la première entrée de Mme de Warens au mas des Charmettes. D'après la tradition, quand Mme de Warens sortit de la propriété de Mme Revil, il se fit une sorte de transmutation accidentelle entre elle et le sieur Renaud. Celui-ci prit, chez Mme Revil, la place de Mme de Warens, laquelle prit celle de Renaud chez M. Noircy. De là, mauvais vouloir du procureur qui, probablement, tenait à la jouissance des deux propriétés.

Le registre 598, Chambéry hors ville, Savoye 1, du Cadastre général de Savoie, Série C, N° 2466, Commune de Chambéry, correspondant à la mappe de 1729, mentionne exactement les biens que

Noirey et Revil possédaient aux Charmettes.

Ce registre porte, au folio 249 et 250 :

Noiray, Claude, noble,
aux Charmettes.

750 Vigne. 751 Champ. 752 Parterre. 753 Cour. 754 Maison. 755 Jardin. 762 Chapelle. 764 Pré. 901 Paturage. 902 Champ. 909 Chataigners. 910 Chataigners. 911 Champ. 912 Teppe. 925 Champ, (par surcharge :) Mont. 926 Teppe. 1053 Maison à Maché.

et au folio 270 et 271 :

Revil, Jean françois,
aux Charmettes,

756 Champ. 757 Teppe. 758 Champ. 759 Jardin. 760 Grange. 761 Pré. 763 Teppe et Chataigners. 882 Chataigners. 883 Maison. 884 Placcage et Grânge. 885 Teppe 886 Roc. 896 Chataigners. 897 Champ. 905 Champ. 907 Chataigners et broussailles, 908 Champ. 914 Vigne.

Teppe signifie terrain inculte, friche, en terme du nouveau Cadastre ; placcage est équivalent de cour.

LE JARDIN ET LA MAISON DES CHARMETTES EN 1885

Vue prise du chemin des vignes, pendant l'hiver.

Dans l'énumération des biens que Noirey et Revil possédaient aux Charmettes, il n'y a que deux maisons ; l'une, N° 754, appartenant au premier ; l'autre, N° 883, appartenant au second. Nulle erreur n'est donc possible : *Mme de Warens a habité la maison 883 avant de se fixer dans la maison 754*. Cette dernière est la maison historique ; l'autre se trouvait en face, à droite du ruisseau des Charmettes, affluent de l'Albane. Elle appartient présentement, sous forme de grange, à M. Duisit ; entièrement reconstruite, elle n'offre plus le moindre vestige du passé.

Wintzenried était aux Charmettes, lors des démêlés avec Renaud ; Mme de Warens fait certainement allusion à lui en parlant de ses gens « qu'on ne peut taxer que de trop de zèle pour ses intérêts. » A l'appui de son appréciation, voici le texte d'un curieux document conservé à la Bibliothèque de Chambéry, publié dans le Bulletin de l'Institut national genevois, tome XXVI, 1884, par Gustave Vallier, de Grenoble :

« Listes de ce qui s'est trouvé dans les

poches de Bernard Dumoulin, valet de Madame La Baronne De Warens le 28 8bre 1739 et invantorier Luy présent.

prem[t] Dans les poches d'une Veste grises Dans L'une des Chatagnes environ une Eculé et dans L'autre des ariquot une bonne Eculé

Dans une Veste bleue une Epix de blé de turquie et dememe environ une Eculé de tres belles chatagnes et des plus grose triée et dememe une grande éculé dariquot Le tout reconut par nous soubsigné pour être des damrée de La maison En foy de quoy nous avons signé au Charmette ce Dimanche 24 8bre 1739.

J. J. Rousseau.
De Courtilles.»

Cette note est libellée sur une feuille de papier qui a été pliée, et, sur le dos, la même main a écrit : Bernard. M. Vallier ajoute : en 1739, le 24 octobre était un samedi.

Ce document permet d'établir que Wintzenried, qui n'est pas nommé dans le bail de 1738, *était déjà le factotum de Mme de Warens en 1739*. La pièce est écrite entièrement de la main du perruquier et seulement signée par Rousseau ; mais cette signature paraît être fausse et avoir été apposée par de Courtilles même. Ce dernier, qui n'est pas nommé dans le bail de 1738, l'est parfaitement, en 1749, lorsque Mme de Warens quitta les Charmettes, ainsi que le prouve le document inédit suivant, déposé aux Archives départementales de la Savoie :

ASSENSEMENT

passée par la dame Baronne de Varens à honble Joseph Vial, marchand de la présente ville, du 24 mars 1749.

L'an mille sept cent quarante neuf et le 24 mars a chambery a cinq heures apres midy dans la maison d'habitation de la dame baronne de varens situe proche St Léger par devant moy notaire royal collegié soussigné et En presence des tesmoins cy apres nommés s'est en personne etablie et constitué la de dame françoise eleonor De la tour baronne de varens fille de feü noble jean baptiste Delatour du païs de veau Canton de berne en Suisse native de varey habitante en cette ville laquelle de gré at sous-assensé ainsy que par le present elle sous assence au sieur joseph fils de feü maurice vial marchand natif et habitant de la presente ville icy present et acceptant pour lui et les siens ascavoir les biens appartenant a noble Claude françois noiray situé aux Charmettes et a montagnole consistant en maison grange prés verger terres vignes et generalement en quoy qu'ils consistent et puissent consister sans s'y rien reserver et tels que la d^e^ dame les a tenu jusqu'à present ensuitte de l'assencement a elle passée par le dit seigneur noiray le sixieme juilliet mille sept cent trente huit rivoire notaire et qui lui ont estés continués suivant la transaction qu'elle a passée avec le d[t] s[r] noeray le dix mars mille sept cent quarante receue et signée par Me Genin notaire, des confins situations desquels le d[t] vial déclare être pleinement informés, le present etant passée pour le tems et terme qu'elle en jouira sans qu'elle soit tenue a rien de plus pour la d[te] jouissance a commencer Dès cejourd'huy par la prise de la courante année sous la cense annuelle de deux cent vingt livres monoye de Savoye payable aux festes de noel de chaque année dont le premier paiement Commencera aux festes de noel prochaines et ainsy à continuer d'année en année durant le present sous les conditions encore que le d[t] sous assensataire sera tenu ainsy qu'il promet de cultiver les d[t] biens en bon père de famille, den'y souffrir aucun chemin ny servitude nouvelle, de ne couper aucun arbre verd ny secq et d'entretenir les bâtiments en bon père de famille tant de la grange que de la maison et de les maintenir et rendre dans le tres bon etat ou ils sont actuellement en quittant les d[t] biens de méme que les d[t] biens, ainsy que le d[t] vial declare lui méme le scavoir pour avoir vu et visité les d[t] batiments et biens et en estre tres informé, et en outre paiera les servis des d[e] biens aux seigneurs des fiefs de qui les biens dependent et rapportera quittance à la d[e] dame a la fin de chaque année ; et en outre le d[e] vial s'engage d'observer touttes les autres conditions auxquelles la dite dame est tenue envers le sieur noiray en conformité de son d[e] assensement duquel at ete fait lecture au d[e] vial, Comme encore de rendre en sortant des d[e] biens la somme de cent septante quatre livres onse sols huit deniers pour le chadal de deux bœufs et des vaches que la d[e] dame est chargée, outre dix brebis ou moutons, sept poules et un cocq que le tout lui at été remis par la d[e] dame ainsy qu'il declare, et de laisser en sortant Cinq veisseaux de froment, cinq de seigle, cinq d'orge et trois quartans de febve ensemencés dans les d[e] biens, attendu que la meme quantité se trouve ensemencé et lui avoir eté remis peu avant le present, bien entendu que le droit colonique soit la moitié des grains ensemencés a la St Michel dernier appartiendra au granger qui les a cultivé a moitié, les d[e] semences prealablement prelevés, et sera tenu le d[e] vial de rendre a la fin du present un charriot estimee vingt livres, une charrue, une hêrse et un berroton le tout fort usées et presque hors de service de la même maniere que la d^{e} dame en est chargee envers le s. nocray et six quartans de bled noir qui lui ont estés remis et tout ce que dessus de même que le paiement de la d^{e} cense que le d^{e} s. vial promet payer au susd^{e} terme a peine de tous depens dommages interets et a l'obligation de tous et un chacun ses biens presents et avenirs qu'a ces fins il se constitue tenir, et convenu que venant a manquer au paiement de la susd^{e} cense d'une annee tant seulement il sera loisible à la d^{e} dame de l'Expulser des d^{e} biens et batiments et d'assenser a qui bon lui semblera sans qu'il puisse pretendre ny demander aucun dedommagement, et sans que le d^{e} vial puisse etre recu a purger la demeure par quel offre que ce soit, et moyenant l'observation du contenu au present et du paiement des censes regulierement au sus d^{e} terme et des observations conditions contenues au susd^{e} assencement dont la d^{e} dame est chargée par le susd^{e} contract du six juillet mille sept cent trente huit la d^{e} dame promet le faire jouir des d^{e} biens et batiments pendant tout le tems qu'elle en jouira dudit sieur nocray a peine de tous depens dommages interests et a l'obligation de tous et un chacun ses biens presents et avenirs qu'a ces fins elle se constitue tenir sans qu'elle s'engage a rien de plus pour la d^e^ jouissance pour avoir ainsy eté convenu entre les d^e^ parties qui ont promis observer le contenu au present chacune en ce qui la concerne et ne venir au contraire directement ny indirectement en jugement ny dehors aux mêmes peines obligations des biens que dessus fait et prononcé au lieu que dessus en presence du sieur jean samuel rodolphe de Courtillie natif de Courtille en Suisse habitant de la presente ville et d'hon^ble^ jean baptiste David natif de chenesex en franche Comté laboureur habitant de la presente ville tesmoins requis signé sur la minutte Devarens delatour, vial, de Courtillie present et non l'autre tesmoin pour estre illiteré de ce enquis par moy no^re^ soussigné qui ai revu et prononcé le present et qui ay fait la presente expedition en faveur du sieur nocraÿ apres l'avoir fait insinuer a l'office du tabellion de chambery au feuillét 604 du premier livre de la courante année et payé trois livres pour le droit sur quittance du cinq avril d^e année signé par Me Bonerat mis en marge de ma d^e minutte ainsy est.

Signé : PACORET,
notaire.

Avant d'entrer à la maison Revil, Mme de Warens et Jean-Jacques habitèrent la propriété de M. de Conzié, le seigneur des Charmettes, qui devint, plus tard, l'ami de Rousseau et plus encore, peut-être, celui de sa bienfaitrice. La tradition de ce séjour était encore vivante au commencement de ce siècle et a été fixée par un dessin d'après nature du major Cockburn, gravé et tiré sur pierre par C. Hullmandel, publié à Londres par Rodwell et Martin, le 10 novembre 1821, lequel porte comme légende, en anglais : Maison de Conzié, à l'entrée de la vallée des Charmettes, jadis habitée par J.-J. Rousseau. — La date de ce séjour pourrait être fixée vers 1735, toutefois sans preuve.

La maison de Conzié existe encore, mais a été complètement transformée par de récents embellissements ; elle se trouve à côté du grand Orphelinat de garçons créé, au Bocage, par l'abbé Costa de Beauregard, dans le but de recueillir les jeunes garçons privés de leur père ou de leur mère.

La première habitation de Mme de Warens, à Chambéry, chez le comte de Saint-Laurent, intendant des finances, porte, dans son état actuel, le n° 44 des allées de la place Saint-Léger ; on y pénètre, d'un côté, par la rue des Portiques, au numéro 13, en entrant dans la cour. Mais le passage que J.-J. et Mme de Warens devaient prendre, chaque jour, est l'allée de la place Saint-Léger, livrant accès, présentement, aux numéros 42, 44, 46, 48, 50, 52.

La maison a été complètement remaniée et n'offre presque plus de vestiges du passé. Le mur, qui l'isolait dans un cul-de-sac, abattu, est encore indiqué, à sa place, par une borne, qui sert à délimiter les propriétés. Rien n'est curieux comme la description que Rousseau fait de l'ancien état de cette maison, au livre V de ses *Confessions* :

« Ce fut, ce me semble, en 1732, que j'arrivai à Chambéry... Je logeai chez maman, mais je ne retrouvai pas ma chambre d'Annecy. Plus de jardin, plus de ruisseau, plus de paysage. La maison qu'elle occupait était sombre et triste, et ma chambre était la plus sombre et la plus triste de la maison. Un mur pour vue, un cul-de-sac pour rue, peu d'air, peu de jour, peu d'espace, des grillons, des rats, des planches pourries : tout cela ne faisait pas une plaisante habitation. Mais j'étais chez elle, auprès d'elle ; sans cesse à mon bureau ou dans sa chambre, je m'apercevais peu de la laideur de la mienne ; je n'avais pas le temps d'y rêver. Il paraîtra bizarre qu'elle se fût fixée à Chambéry tout exprès pour habiter cette vilaine maison : cela même fut un trait d'habileté de sa part que je ne dois pas taire. Elle allait à Turin avec répugnance, sentant bien qu'après des révolutions toutes récentes, et dans l'agitation où l'on était encore à la cour, ce n'était pas le moment de s'y présenter. Cependant ses affaires demandaient qu'elle s'y montrât : elle craignait d'être oubliée ou desservie. Elle savait surtout que le comte de Saint-Laurent, intendant général des finances, ne la favorisait pas. Il avait à Chambéry une maison vieille, mal bâtie, et dans une si vilaine position qu'elle restait toujours vide : elle la loua, et s'y établit. Cela lui réussit mieux qu'un voyage ; sa pension ne fut point supprimée, et depuis lors le comte de Saint-Laurent fut toujours de ses amis. »

Après son séjour aux Charmettes, Mme de Warens habita, au faubourg Reclus, la maison du marquis d'Allinges. Cet immeuble porte actuellement le numéro 13. En 1762, la baronne mourut, comme on sait, faubourg Nezin, 62.

LES CHARMETTES

APRÈS

LE DÉPART DE MADAME DE WARENS

LES CHARMETTES

APRÈS

LE DÉPART DE MADAME DE WARENS

Le petit domaine, habité par Mme de Warens et sa colonie, changea plusieurs fois de propriétaire, dans la seconde moitié du XVIIIe siècle. Voici une sér c d'actes très curieux, concernant ces mutations :

BUREAU D'INSINUATION DE CHAMBÉRY

Extrait des minutes du notaire charles Gruat

QUITTANCE PORTANT VENTE FAITE
PAR ANTOINETTE AMBLARDET A CLAUDE ET
HYEROME BERGER-MOLLARD

L'an mil sept cent septante trois et le trente mai à huit heures du matin à chambéry dans l'étude du sieur procureur Magnin située en place château pardevant moi notaire royal soussigné et en présence des témoins ci-après nommés, s'est en personne établie et constituée honorable antoinette fille de feu dominique Amblardet veuve de jacques Denat née et domiciliée de cette ville qui de gré pour elle et les siens confesse d'avoir eû, présentement et réellement reçu des hon[bles] claude] et hyerome frères enfans de feu jean Berger-mollard, menuisiers natifs d'oncin, aussi habitants en cette ville, ici présents et acceptants pour eux et les leurs, la somme de douze cent cinquante quatre livres et treize sols comptée et nombrée par les dits frères Mollard en quarante-trois pistoles de vingt-quatre livres chacune, onze louis neufs de france et le surplus en monnoie qui ont été vérifiés emboursés et emportés par la dite antoinette Amblardet voyant moi dit notaire et témoins dont elle se contente et les libère pour solde et entier payement de la somme de douze cents livres dont ils sont restés débiteurs du prix de la promesse de vente que le dit feu jacques Denat en qualité de mari et constitutaire des droits et biens de la dite antoinette Amblardet leur a passé le huit avril de l'année dernière reçue par Moi dit notaire du tiers qu'il possédait en sa qualité et par indivis avec françoise Terme et Josephte l'ainée amblardet femme de dominique Duvivier des biens y spécifiés situés rière les paroisses des charmettes, jacob et Montagnole, comme encore des censes de la dite somme qui a été réduite en rente par le dit contrat échues dès icelui jusqu'à ce jour, avec promesse qu'elle fait de ne leur en jamais faire demande, ni permettre leur être faite en jugement ni ailleurs, sous la proteste qu'elle fait de répéter dans l'hoirie du dit jacques Denat, soit contre l'heritière d'icelui les six cents livres et les deux louïs neufs de france qu'il a exigé des dits frères Mollard par le susdit contrat à compte des dix huit cents livres et deux louïs de france pour les quels il a fait la dite promesse de vente de biens, et en vertu de la quelle ils ont joui dès lors et jouissent des dits biens, lequel contrat elle approuve au besoin, vend aux dits frères Berger-mollard le tiers à elle appartenant des susdits biens et autres choses exprimées au dit contrat sans s'y rien réserver ni retenir, iceux biens inscrits sous les numeros de la mappe de chambéry sept cent cinquante six, sept cent cinquante sept, sept cent cinquante huit, sept cent cinquante neuf, sept cent soixante, sept cent soixante un, sept cent soixante-trois, huit cent huitante-deux, huit cent huitante trois, huit cent huitante-quatre, huit cent huitante cinq, huit cent huitante six, huit cent nonante six, huit cent nonante sept, neuf cent cinq, neuf cent huit neuf cent quatorze, et partie du numero neuf cent ;

de la mappe de jacob et belle combette trois cent septante huit, et trois cent septante-neuf ;

et de celle de Montagnole cinq cent septante-deux, sept cent neuf, huit cent quatre, huit cent-quarante-quatre, huit cent quarante cinq, huit cent quarante sept, avec d'iceux leurs confins ici tenus pour exprimés, entrées, sorties, commodités, appartenances et dépendances du fief du seigneur qui mieux informera ignoré par les parties, et les clauses de dévestiture, investiture, éviction et garantie à la forme du droit, sans que la spécification des dits numeros puisse être d'aucun obstacle pour aucune des parties, la dite Amblardet n'entendant vendre que le tiers à elle appartenant des dits biens qu'elle avait droit de posséder d'iceux et des autres articles énoncés audit contrat de promesse de vente.

la dite vente étant faite pour le dit prix de dix huit cent livres et deux louis d'or neufs de france pour épingles dont elle quitte les dits frères Mollard au moyen des douze cent cinquante quatre livres et treize sols par elle ci-dessus reçues y compris les censes qui sont échues des d. douze cents livres et des six cents livres et un louis de france que le dit feu Jacques Denat a retiré par le susdit contrat du huit avril de l'année dernière et promet de les en faire tenir quitte envers et contre tous aux peines de tous dépens, dommages intérêts et à l'obligation et constitution de tous ses biens présents et futurs sous la proteste qu'elle fait de répéter encore contre les héritiers de son mari le surplus de la constitution qu'elle lui a faite, déclarant les dits frères Berger mollard que la somme par eux ci-dessus comptée est provenue du sieur christophe Revel et fait partie du prix qu'ils ont retirés de la vente de fonds qu'ils lui ont faite par contrat du dix sept avril dernier reçu par moi dit notaire.

fait et prononcé au dit lieu en présence de m^e benoit Magnin, procureur au sénat Notaire royal habitant de la présente ville d'oú il est natif et d'alexandre fils de feu antoine Dupraz, maître charpentier, natif de Cognin, habitant de cette ville témoins requis

tabellion quarate cinq sols payé par les dits mollard.

sous marqués par ladite Amblardet, le dit Dupraz, signés Mollard, Mollard et Magnin

les dits frères Berger Mollard et les témoins ont signé et non la dite Amblardet qui étant illitérée de ce enquise et requise a fait sa marque l'acte ci-devant contient trois pages par moi écrites et ai donné note d'icelui aux parties en présence des dits témoins signé charles Gruat notaire.

insinué à chambéry le trente juin mil sept cent septante trois livre trois folio 344 aux droits de deux livres cinq sols.

Cet acte eut pour complément le suivant, chez le même notaire :

L'an mil sept cent septante-quatre et le douze février à quatre heures après midi à chambéry dans l'étude du sieur procureur Magnin située en place chateau par devant moi notaire royal soussigné et en présence des témoins ci-après nommés, s'est en personne établie et constituée honorable josephte la cadette fille de feu dominique Amblardet veuve de françois Terme, née et domiciliée de cette ville, la quelle de gré pour elle et les siens confesse d'avoir eu présentement et réellement reçu des hon[bles] claude et hyerome frères enfans de feu jean Berger-mollard, maitres menuisiers natifs de la paroisse d'oncin, habitants de cette ville ici présents et acceptants pour eux et les leurs la somme de douze cent quatre vingt huit livres douze cent sols comptée et nombrée par les dits frères Berger-mollard en cinquante trois pistoles de savoie de vingt quatre livres chacune et le surplus en monnoie qui ont été retirées, embourssées et emportées par la dite Josephte la cadette Amblardet, voyant moi dit notaire et témoins dont elle se contente et les quitte pour solde et entier payement tant de la somme capitale de douze cents livres dont ils sont restés débiteurs du prix de la promesse de vente que le dit feu françois Térme en qualité de mari et constitutaire des droits et biens d'icelle josephte la cadette amblardet leur a passé le huit avril mil sept cent septante-deux reçu par moi dit notaire du tiers qu'il possédait en sa dite qualité par indivis avec jacques Denat et josephte l'ainée Amblardet femme de dominique

Duvivier des biens y spécifiés situés rière les paroisses des charmettes, jacob et Montagnole, comme encore des censes de ladite somme qui a été réduite en rente par le dit contrat, échues dés icelui jusqu'à ce jour, avec promesse qu'elle fait de ne leur en jamais rien demander ni permettre l'être par autrui en jugement ni ailleurs, sous la proteste qu'elle fait de répéter dans l'hoirie dudit françois Terme soit contre l'héritière d'icelui les six cents livres et le louïs neuf de france qu'il a exigé des dits frères Berger mollard par le susdit contrat a compte des dix-huit cents livres et du louïs de france pour lesquels il a fait ladite promesse de vente de biens, et en vertu de laquelle ils ont joui dès lors et jouissent des dits biens, lequel contrat elle approuve par le présent et au besoin vend aux dits frères Berger-mollard le tiers à elle appartenant des susdits biens et autres choses exprimées audit contrat sans s'y rien réserver ni retenir, iceux biens inscrits sous les numeros de la mappe de chambéry sept cent cinquante six, sept cent cinquante-sept, sept cent cinquante-huit, sept cent cinquante-neuf, sept cent soixante, sept cent soixante-un, sept cent soixante trois, huit cent huitante deux, huit cent huitante trois, huit cent huitante-quatre, huit cent huitante cinq, huit cent huitante-six, huit cent nonante six, huit cent nonante-sept, neuf cent cinq, neuf cent huit, neuf cent quatorze et partie du numero neuf cent ;

de la mappe de jacob-belle combette trois cent septante huit et trois cent septante neuf ;

Et de celle de montagnole cinq cent septante deux, sept cent neuf, huit cent quatre, huit cent quarante-quatre, huit cent quarante cinq, et huit cent quarante sept, avec d'iceux leurs confins ici tenus pour exprimés, entrées, sorties, propriétés, commodités, appartenances et dépendances du fief des seigneurs qui mieux informeront ignorés par les parties et les clauses de dévestiture, investiture, éviction, manutention et garantie à la forme du droit, sans que la spécification des dits numeros puisse être d'aucun obstacle aux parties attendu que la dite Amblardet n'entend vendre que le tiers à elle appartenant des dits biens qu'elle avait droit de posséder, et des autres articles spécifiés au dit contrat de promesse de vente, faisant icelle la dite vente pour le dit prix de dix huit cents livres et un louïs d'or neuf de france pour épingles dont elle quitte les dits frères Berger Mollard au moyen de la somme par elle ci-dessus reçue et des six cents livres et un louis de france que le dit feu françois Terme a retiré par la susdite promesse de vente, et promet de les en faire tenir quitte envers et contre tous aux peines de tous dépens, dommages intérêts et à l'obligation et constitution de tous ses biens présents et futurs, protestant de répéter encore contre l'héritière de son mari le surplus de la constitution qu'elle lui a fait, déclarant les dits frères Berger Mollard que la somme par eux ci-dessus comptée est revenue du sieur christophe Revel et fait partie du prix qu'ils ont retirés de la vente des biens qu'ils lui ont fait par contrat du dix sept avril de l'année dernière reçu par moi dit notaire.

fait et prononcé au dit lieu en présence de me benoit Magnin notaire royal, procureur au sénat et de me sébastien Bertier, aussi notaire royal substitut procureur, natif et habitant de cette ville, témoins requis.

tabellion quarante cinq sols

signés amblardet, Mollard, Mollard Magnin et Bertier.

les parties et témoins ont signé l'acte ci-devant contient trois pages par moi écrites et ai donné note d'icelui aux dites parties en présence des dits témoins signé charles Gruat notaire.

insinué à chambéry le trois mars mil sept cent septante quatre livre premier folio 543 v° aux droits de quarante cinq sols.

Ces deux actes fixent, exactement, la valeur de la propriété Noirey, aux Charmettes, en 1773 et 1774.

Huit ans après, le petit domaine changea encore de maître :

L'an mil sept cent quatre vingt-un, et le dix-sept du mois de septembre, à Chambéry, à midi, dans la maison appartenante au s[r] Veyras située rière la place de St-Léger de cette ville, par devant moi no[e] royal soussigné et présents les témoins en fin nommés, s'est personnellement établi et constitué honorable Claude feu Jean Berger Mollard, natif de la paroisse d'Oncin, maître menuisier habitant de cette ville, lequel volontairement a vendu ainsi que par le présent il vend purement et simplem[t] à noble Marie-Claude-Louis fils de noble Jean-Baptiste-Gabriel Deregard, (de Vars), docteur de l'université d'Avignon, chanoine de l'église cathédrale de cette ville, d'où il est natif et domicilié, présent et acceptant, le domaine qu'il possède tant rière la présente ville lieu dit aux Charmettes, que sur les paroisses de Jacob et Montagnole, avec les deux bœufs, 2 vaches, un charriot, une charrue, deux veissaux de froment, 3 de seigle, 6 d'orge, cuve, pressoir, avec le foin, le tout actuellem[t]. existant dans les bâtiments dépendants des d[ts] biens, qui consistent en une vigne au d[t] lieu des

Charmettes sous numéro 750, une pièce de pré sous n° 751, la cour sous n° 753, la maison de maître, grange, écurie, et une petite pièce de pré derrière la maison sous n°s 754 et 755, le tout joint ensemble, se confinant au levant par la pièce de pré ci-après, confinée du couchant par la maison et pré du seigneur de Massingy, la vigne de Jérôme Mollard, un chemin tendant à Montagnole entre deux, par la pièce de vigne du s^{r} Gros, et en partie par celle du seigneur de Revel de bise, un petit sentier tendant à la vigne dudit Gros entre deux, et du vent par le pré et champ du d^{t} Jérôme Mollard, contenant les susdits n^{os} cinq journaux deux cent vingt-cinq toises, un four ci-devant chapelle, et une pièce de pré sous les n°s 762 et 764 contenant en tout deux journaux 45 toises 7 pieds, qui se confinent du levant par un chemin public tendant de la ville à Montagnole, du couchant par le pré, maison et vigne ci-dessus confinés, de bise par le pré et vigne dudit seigneur de Revel, le susdit sentier entre deux, et du vent (midi) par le pré du dit Jérôme Mollard ; une pièce de champ lieu dit aux Fontanettes inscrite sous n^{os} de la mappe de cette ville 901 et 902, contenant un journal 295 t. 6 p. qui se confine du levant par la pièce chataigneraie des hoirs du seig^{r} de Villette, un grand chemin entre deux, par la pièce de chataigniers du s^{r} Joris du couchant, de bise par la teppe et chataigneraie du s^{r} Treppier, et du vent (midi) par la pièce de terre dépendant de la chapelle de Bellecombette ; une autre pièce de terre lieu dit à la Bataille inscrite sous n°s 925 et 926, contenant 177 toises 7 p., qui se confine de toute part par la terre du seign^{r} de Massingy, et celle du s^{r} Treppier de bise ; une pièce de chataigneraie, champ et teppe lieu dit à Mollard-Clocher sous n°s 919, 111 et 912, contenant 1 journal 346 t. 7 p., qui se confinent du levant par la vigne et champ du dit Jérôme Mollard, du couchant par la pièce de champ du même, par celle du dit seign^{r} de Massingy de bise, et par la pièce de chataigneraie du dit s^{r} Treppier du vent (midi) ; une pièce de champ lieu dit au Mont, inscrite sous les n[os] de la mappe de Jacob 359, 360, 366 et 366 et demi contenant 5 journaux 340 toises 2 p., qui se confine de toute part par les pièces de terre et bois des hoirs du s[r] Borrel ; une autre pièce de champ au dit lieu sous n° de la dite mappe 372 contenant 248 toises, qui se confine du levant par la terre du seign[r] de Massingy, et des autres parts par les pièces de terre des dits hoirs Borrel ; une pièce de champ lieu dit au Carre contenant 272 toises, qui se confine du levant et vent (midi) par les pièces des champ de la susd[te] chapelle de Bellecombette, de bise et couchant par les pièces de champ desdits hoirs Borrel fixée sous n° 375 ; une pièce de champ lieu dit au Mont contenant 1 journal 16 toises 7 p., qui se confine du levant par le champ du dit Jérome Mollard, par celui des dits hoirs Borrel du couchant, et bise, et par celui du seign[r] de Massingy du vent (midi) fixée sous n° 380 ; une pièce de champ lieu dit à l'Épinette contenant 1 journal 127 t. 2 p., qui se confine du levant et vent (midi) par la pièce de terre dépendante de la susd^{te} chapelle de Bellecombette, par celle du St Joris du couchant, et par celle du s^r Borrel de bise, icelle inscrite sous n° 503 ; une pièce de chataigneraie au dit lieu, soit aux Moësellet (aux Pierres-Plattes), contenant 20 journaux 201 t. 2 p., qui se confine par l'extrémité de la paroisse de Chanaz (Barberaz) du levant, par les pièces de châtaigneraie des hoirs du seigneur de Vilette, par celle du dit seign^r de Massingy et celle de la dame veuve Viviand et par les communaux des Charmettes du vent (midi), inscrite sous n° 509 ; et finalement une pièce de pré sur la paroisse de Montagnole lieu dit au Savon soit au Villard sous partie du n° 1282 à prendre du côté de bise contenant environ 6 journaux, se confinant du levant par la pièce de pré du sieur Revel, et celle du dit Jérome Mollard du couchant ; sans que la spécification des dits n^{os} et contenances puisse en rien préjudicier au dit noble Deregard attendu que le dit Mollard entend vendre tout ce qu'il possède et a droit de posséder rière les susd[tes] paroisses, avec des dits biens leurs entrées et sorties, propriétés, commodités, appartenances et dépendances quelconques du fief du seigneur qui mieux informera, étant intervenu au présent toutes clauses de dévestiture et investiture à ce requises, s'étant ledit Mollard dévetu des dits biens, et invetu le dit noble de De Regard par la tradition de la plume à la manière accoutumée, ne se constituant le tenir qu'au nom dudit acquéreur qui en pourra prendre possession dès ce jourd'hui, sans autre qu'en vertu du présent, et faire inscrire les susdits n[os] à sa colonne du cadastre des dites paroisses quand bon lui semblera, même en l'absence dudit vendeur qui le constitue à cet effet son procureur irrévocable avec pouvoir de substituer, en maintenant les dits biens, usages et débriques de toutes censes et servis jusqu'à ce jour, et se soumettant à l'éviction et manutention à la forme du dit droit ; la susdite vente faite pour le prix et somme de *dix mille trois cents livres* (10,300 liv.), et cent livres pour épingles, payées les d[lles] épingles au moyen d'un billet de semblable somme que le dit s[r] acquéreur a présentement remis au dit Mollard qui s'en contente, au vu de moi dit no[re] et témoins, et les 10,300 liv. restantes payables avec intérêt dès ce jourd'hui en conformité de l'édit, tant au seigneur marquis de Chignin, qu'au seign[r] Perrin baron d'Athenas, et autres créanciers du dit Mollard, après que les susdits biens auront été, ainsi qu'il est expressément convenu, exposés aux criées publiques en conformités des royales constitutions et l'approbation de la dite vente par le Sénat, les frais des dites criées restant néanmoins à la charge du dit acquéreur, sauf les oppositions qui pourraient être formées, que le dit Mollard sera tenu de faire vider (vuider) à ses frais, avec convention que dans le cas que la dite vente ne pût, par quelques oppositions, avoir lieu, le dit Mollard promet et s'oblige au dit cas de restituer au dit R[d] s[r] acquéreur tout ce qu'il se trouvera avoir payé en déduction du susdit prix, de même que les laods tant par imputation des fruits qu'il aura perçus qu'autrement, voulant jusqu'à ce qu'il reste en possession des dits biens desquels et des bâtiments qui en dépendent, le dit Mollard consent qu'il soit pris acte d'état par moi no^e^ soussigné même en son absence, aux jour, lieu et heure qui seront fixés, consentant afin que le dit R^d^ S^r^ acquéreur tire quittance et cession des dits créanciers, et qu'il soit subrogé à leur lieu et place, même aussi en son absence ; le tout ainsi convenu et promis respectivement observer, à peine et avec la stipulation de tous dépends, dommages, intérêts à l'obligation et constitution de tous leurs biens présents et à venir, fait et prononcé au dit lieu, en présence de Me Jean François Chabert substitut procureur au Sénat, natif et domicilié de cette ville, et de R^d^ Sr Jean-Baptiste Piénoz natif de la paroisse de Lathuille, curé de celle de Barberaz où il habite, témoins requis.

L'intelligence de ces pièces, ainsi que du bail, de la transaction, de l'ascensement du précédent chapitre, est fournie à l'histoire par le cadastre de Savoie, décrété par l'édit du 9 avril 1728. Ce travail immense dura dix ans ; la péréquation ne fut complète qu'en 1738. Deux années furent employées à mesurer la Tarentaise; les géomètres avaient 4 livres par jour, l'assistant 25 sols, les secrétaires 2 livres : c'est parmi ces derniers que Jean-Jacques travailla, à Chambéry, vers 1732. Les Charmettes, qui faisaient partie du territoire de Chambéry, sont relevées, à l'échelle de 1 à 2372, sur la mappe de la commune, en date du 15 (illisible) 1729. M. Goulard dit Henrionnet, ancien géomètre en chef du cadastre de la Savoie, après l'annexion, en a fait l'extrait qui figure à la page 41 de ce volume ; l'original de son dessin est au salon des Charmettes.

Le 27 juin 1807, le sous-préfet Bellemin écrivait, de Saint-Jean de Morienne, à M. Amphoux, avoué à Chambéry :

Mon cher Monsieur,

Tenant à avoir un domaine plus conséquent que celui que j'ai aux Charmettes, et qui ne peut s'augmenter, je suis toujours Décidé à le céder. Et déjà je suis en marché d'Echange pour ce regard. Cependant comme la personne avec qui je suis en pourparler prendra le Domaine ou des fonds numériques, il est encore possible que je puisse en arranger ceux qui vous l'ont demandé.

Mais le prix, que l'on offre, ne peut absolument me convenir.

le Domaine me coute deja les 16500 qui sont offerts.

les réparations, je ne dis pas même nécessaires, mais celles indispensables, telles que la réfection du toit, les murs de soutenement du jardin, etc., me coutent près de 2000 francs, et certes je ne veux pas perdre toute cette somme.

Mon prix est de 18000 francs, compris la cense de cette année qui sera acquise à l'acquéreur de façon que ce n'est que mille francs que je demande sur les réparations.

il y a un cheptel et des fonds de semence qui valent environ 600 francs.

La rente annuelle peut se porter à trente

louis en louant la maison et le jardin 7 à 8 louis.

En l'état le fermier qui n'a point d'accensement et qui jouit depuis nombre d'années sans augmentation paye 21 louis et différentes denrées estimées un louis sans compter *le jardin, le parterre et la maison.*

ainsi vous voyez ce qu'il en est.

quant aux termes de payement je donnerai les facilités que l'on désirera.

Veuillez bien, Mon cher Monsieur, me faire connaître les intentions de l'acquéreur, au plutôt, afin que je sache ce que je dois faire pour l'Échange que je me propose.

Salut affectueux et reconnaissant.

BELLEMIN.

J'ai fait votre commission auprès de M. Delabeye.

Cheptel valeur	....	390 fr.
fonds de semence		
froment	5 veissels............	100 »
seigle	4 veissels............	60 »
orge	5 veissels............	50 »
		600 »

un tonneau cerclé en fer

Ci-joints les D^es que je vous prie de remettre à M. Vernaz l'aîné qui me les a demandé, et cela après que vous en aurez fait l'usage que vous désirez.

Prix demandé..............		18.000 »
Cense de l'année (je ne les porte qu'à 500 fr. attendu que la maison ni le jardin ne sont pas loués....	500	1.100 »
Fonds de semence et cheptel............	600	
reste p^r la valeur de 47 journaux de fonds et la maison.		16.900 »

A cette lettre était jointe la pièce suivante :

« Domaine à vendre situé aux Charmettes appartenant à M. Labé de Vars de Lac contenance portée par les M. cy après

. . . .

Cheptel dont est chargé le fermier 390 francs — fonds de semences dont le fermier est aussi chargé — froment 5 vaissaux, seigle 4 vaissaux, orge 5 vaissaux

Le tout évalué à 600 francs.

une vigne lieu dit aux Charmettes sous n° 750, une pièce de pré sous n° 751, la cour sous n° 753, la maison de maître, grange, écurie et une petite pièce de pré derrière la maison sous les n°s 754 et 755 le tout joint ensemble et contenant 5 journaux 225 toises.

un four et une pièce de pré sous les n°s 762 et 764 contenant en tout 2 journaux 45 toises 7 pieds

une pièce de champs lieu dit aux fontanettes sous les n^os^ de la mappe de cette ville 901 et 902 contenant un journal 295 toises 6 pieds.

une autre pièce de terre lieu dit à la bataille, sous n°s 925 et 926 contenant 177 toises 7 pieds,

une pièce de chataigneray, champ et teppe lieu dit à molard clocher sous n°s 910, 911 et 912 contenant un journal 346 toises 7 pieds.

une pièce de champ lieu dit au mont sous les numéros De la mappe de jacob 359, 360, 366 et 366 1/2 contenant 5 journeaux 340 toises 2 pieds, autre pièce de champ au d^t^ lieu sous n° de la mappe 372 contenant 248 toises.

une pièce lieu dit au Carre sous n° 375 contenant 272 toises

une pièce de champ lieu dit au mont sous n° 380 contenant 1 journal 16 toises 7 pieds,

une pièce de champ lieu dit à l'épinette sous les n°s 503 contenant 1 journal 127 toises 2 pieds,

une pièce de chataignerai au d^t^ lieu soit au maisollet sous n° 509 contenant 20 journeaux 201 toises 2 pieds,

Et finalement une pièce de pré sur la parroisse de montagnole lieu d^t^ au Savon soit au coillard sous partie du n° 1282 a prendre du coté de bize contenant environ 6 journeaux.

Prix du d^t^ Domaine 800 louis

	journeaux	toises	Pieds
Contenance totale du d^t^ Domaine...........	47	296	6

Lon'observe que la maison et batiment sont en très bon état et logables sans aucune réparation,

Que le prix de la ferme n'est point porté à sa valeur Le propriétaire en ayant refusé un plus considérable par des assensataires étrangers et finalement qu'il n'est Grevé D'aucune hypothèque. »

Au bas, Bellemin avait écrit :

« La note ci-dessus est celle qui m'a été remise par le sieur Devars, précédent propriétaire. »

Le 16 Novembre 1810, Bellemin vendait enfin la maison des Charmettes à Georges-Marie Raymond ; ce savant, mort le 24 avril 1839, laissa la propriété à son fils, Claude-Melchior, défunt en 1854. Au décès de la veuve de Claude, le 7 Septembre 1885, le petit domaine devint la propriété du docteur Gaspard Dénarié, qui a publié, en 1887, un excellent *Guide aux Charmettes*.

Pendant la Révolution, la municipalité de Chambéry, dans une fête solennelle, plaça, dans le salon des Charmettes, le grand portrait de Jean-Jacques, qu'on y voit encore. Cette toile est attribuée à

Jean-Baptiste Peytavin. Le poétique Hérault de Séchelles vint rêver là où Jean-Jacques avait aimé. Commissaire de la Convention à Chambéry, il fit inscrire sur une plaque de marbre, scellée sur la façade de la maison, ces vers de madame d'Epinay, — ou de Hérault de Séchelles :

Réduit Par Jean-Jacque Habité,
Tu Me Rappelles Son Génie,
Sa Solitude, Sa Fierté,
Et Ses Malheurs, Et Sa Folie.
A La Gloire, A La Vérité
Il Osa Consacrer Sa Vie,
Et Fut Toujours Persécuté
Ou Par Lui-Même, Ou Par L'Envie.

deux vers manquent à l'inscription :

Contemplons, au flambeau de la philosophie,
Un grand homme et l'humanité.

L'ORATOIRE
DE Mme DE WARENS

L'ORATOIRE

DE Mme DE WARENS

Aux Charmettes, Tœpffer n'a vu que le prie-Dieu de Mme de Warens. Alors qu'il professait la rhétorique à l'Académie des belles-lettres, à Genève, tout en dirigeant son pensionnat, Tœpffer aimait, l'été venu, ou dans les vacances, s'en aller joyeusement, avec ses élèves, explorer les Alpes. La Savoie, l'Oberland, le Piémont, le Dauphiné furent, tour à tour, le but de ces excursions pédestres, consignées dans les deux séries des *Voyages en zig-zag*, Paris. 1843-1853, 2 vol. gr. in-8°. Dans les *Nouveaux voyages en zig-zag*, — voyage à la Grande-Chartreuse, 3e journée, pages 21 à 23, — il dit :

« On ne passe guère à Chambéry sans aller faire un pèlerinage aux Charmettes ;

après déjeuner, nous en prenons le chemin. Ce chemin est un sentier solitaire qui court obliquement sur le penchant d'un coteau qu'ombragent d'antiques châtaigners, et quelques fermes éparses, où l'on entend de loin mugir les vaches et les agneaux bêler, sont les seules habitations qu'on rencontre dans ce canton retiré. Après qu'on a suivi ce sentier pendant une demi-heure, l'on voit sur la droite une maisonnette délabrée... c'est la demeure de Rousseau, la retraite où s'écoulèrent les plus heureuses années de sa vie. Lui-même a décrit cette retraite avec toute l'exactitude de la reconnaissance, mais aussi avec toute la mélancolie du souvenir et des regrets.

« C'est une chose intéressante que de visiter la demeure des grands hommes, et, toutefois, ces sortes de pèlerinages sont le plus souvent une occasion de déceptions et de mécomptes, tant il faut de choses pour satisfaire à l'attente de l'imagination et aux exigences de l'enthousiasme ! Mais pour celui qui s'est figuré les Charmettes comme un rustique manoir tirant tout son charme des simples et touchants attraits de la nature qui l'entoure, et tout son lustre du souvenir de l'homme qui l'habita, il n'a point à décompter, et nulle part mieux que sous ces ombrages il ne rencontrera l'ombre de Rousseau. Tout y est en accord avec cette simplicité champêtre, avec cette heureuse vie des champs que lui-même a tant aimée et qu'il a su faire aimer aux autres. Toutefois, si le château de Ferney, avec ses terrasses, ses vastes allées, ses bassins de marbre, ses riches tentures, ses portraits de reines et de princes, rappelle à merveille le vieillard philosophe, épicurien, courtisan et gentilhomme, la masure des Charmettes, si solitaire, si agreste, si retirée, rappelle le Rousseau, célèbre déjà et persécuté, qui rebroussait avec un si sincère amour vers l'obscurité tranquille de ses premiers ans, plutôt qu'elle ne reporte aux temps mêmes où, jeune et inconnu, l'enfant de Genève y coulait en paix d'oisives journées.

« La maison des Charmettes a changé

de maître deux ou trois fois depuis Rousseau. Dans ce moment, elle n'est pas habitée, et, à moins de notables réparations, elle ne saurait guère l'être. Le petit appartement qu'on y vient visiter renferme quelques meubles du temps et deux ou trois tableaux qui n'ont de remarquable que d'avoir probablement fixé les regards de l'illustre écrivain. Au premier étage, on voit le prie-Dieu de madame de Warens et le salon de réunion, dont la tapisserie n'a pas été renouvelée. Enfin devant la maison est un petit parterre, à l'extrémité duquel s'élève le pavillon où Rousseau allait travailler, et c'est dans la muraille de ce pavillon qu'on a incrusté un marbre blanc sur lequel sont gravés les vers si connus de Hérault de Séchelles.

« Pendant notre visite aux Charmettes, le ciel s'est chargé de nuages, et la pluie accompagne notre retour à Chambéry. »

Ce que Toepffer appelle le prie-Dieu était l'oratoire de Mme de Warens. Primitivement, le petit bâtiment, sur le bord du

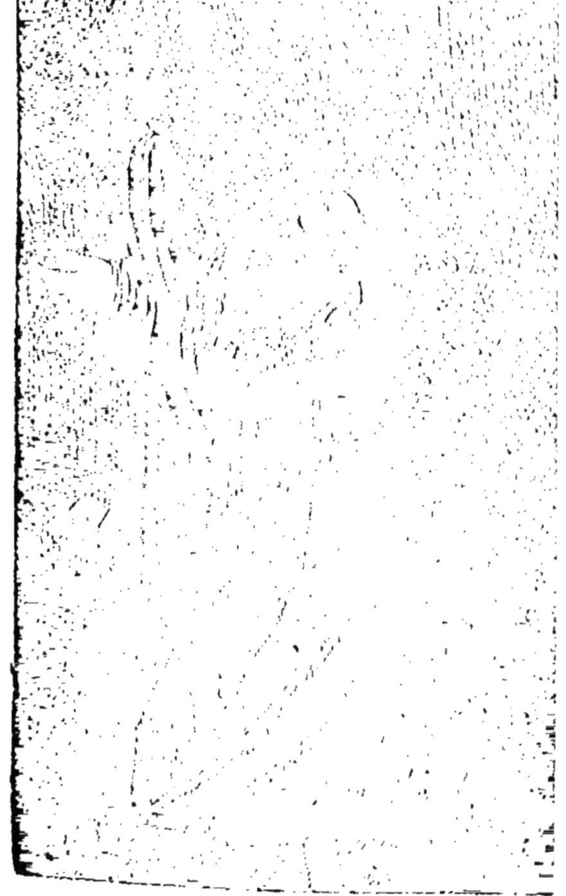

Mme de WARENS

remerciant le ciel de l'avoir éclairée

chemin, fut une chapelle ; il est ainsi désigné sous le n° 762, au registre 598 du Cadastre général de Savoie, pages 249 et 250, à l'article: Noiray, Claude. Plus tard, au temps de Mme de Warens, la chapelle fut transformée en four et l'autel transporté dans la maison. La messe fut dite dans cet oratoire, au témoignage de Rousseau. L'image pieuse du rétable est celle de Notre-Dame-des-Ermites, Einsiedeln ; la nouvelle convertie était fort dévote à ce lieu de pélérinage, très populaire en Suisse, ainsi que le prouve l'intéressante note lue par Eloi Serand à la séance de la Société florimontane d'Annecy, le 13 juin 1887, note due à l'obligeance de Me Bontron, notaire à Gruffy :

« Pierre Léonard, archiprêtre de Gruffy, né à Annecy, fut aumônier de Mgr Rossillon de Bernex pendant 14 ans. Il se trouvait avec lui à Evian, lorsque Mme de Warens se convertit. C'est par son intermédiaire que Mme de Warens fit une fondation à la chapelle du Rosaire de Gruffy, à l'époque où elle avait formé avec Mlle de

Bellegarde des Marches une société pour l'exploitation des mines de houille à Arâches, en Faucigny.

« M. Léonard prit possession de la cure de Gruffy, le 14 juillet 1731. La fondation faite par Mme de Warens en faveur de la chapelle de Gruffy, qui existe encore, était de 300 fr. en capital, à charge de dire des messes pour l'heureux succès de son entreprise. Voir acte du 5 novembre 1750, Buisson notaire à Chambéry. Pierre Léonard, dans sa correspondance, appelait Mme de Warens sa sœur, et J.-J. Rousseau son neveu. »

La note, qui existe sur les registres des fondations de la cure de Gruffy, est ainsi conçue, au témoignage de Me Bontron, notaire :

« Mme de Warens ayant entrepris de société avec une Dlle de Bellegarde des Marches, de former une compagnie pour l'exploitation des mines de houille d'Haraches, selon ses intentions et celles de sa compagne, sachant qu'il y avait à la chapelle de la Ste Vierge, à Gruffy, un tableau de Notre Dame des Hermites et connaissant Mr Léonard qu'elle avait beaucoup vu chez Mgr de Bernex dont il était aumônier, fonda à la susdite chapelle un capital de Trois cents livres à la charge de messes pour l'heureux succès de leurs entreprises. Acte du 5 novembre 1750, Buisson notaire à Chambéry. Cette fondation subsiste encore et les messes s'acquittent pour la conversion spéciale des hétérodoxes. »

L'acte du 5 novembre 1750 existe encore au troisième Livre de 1750, folio 337, du Tabellion de Chambéry, conservé au Greffe du Tribunal de première instance de cette ville ; voici sa teneur inédite :

Ins. le 18 9bre 1750.
L. 1. 10. 0. L. 0. 10. 0.

fondation
faitte par La Dame
Baronne de vuarens
et compagnie.

Lan mil sept cent cinquante et le cinq du mois de novembre à Chambéry dans la maison que occuppe la dame Baronne De warens et Compagnie à onse heures auant midy par devant moy nottaire Royal collegié soussigné et presents les temoins cy-après nommés s'est personnellemen établie et constituée la ditte dame francoise louise-leonor Delatour Baronne de vuarens fillie de feu messire jeanbaptiste delatour baron Désignée native de la ville du vevay en Suisse habitante la presente ville laquelle à son nom et de noble françois mansort et compagnie ayant commencé leur societté sous les hospices de la très Sainte vierge alaquelle s'étant voües sous le vocable de notre dame des hermittes et pour sacquitter de leur pieu Dessein setant Determinés detablir une fondation dans leglise parroisiale de Gruffy en genevois a lacceptation de Rd pierre fils de feü jean leonard natif Bourgeois de la ville danneccy curé moderne en la ditte parroisse pour luy et les successeurs en icelle, s'est personnellemen Etablie et Constituee la ditte dame baronne laquelle à son nom, et de la ditte societté à presentemen reellemen compté et nombré la somme de trois cents livres monoye de Savoye en dix pistolles de Savoye valant Dix huit livres pièce et doucelivres en livres effectives par le d[t] R[d] pierre leonard cure dud[t] gruffy, verifié de bon or et argent retiré embourcé auvû demoy dit nottaire et temoins dont il libere la ditte dame baronne et compagnie et est la ditte somme par luy retiree pour la fondation du voeu dela ditte compagnie et sous condition que le d[t] S. Cure scelebrerat et ses successeurs a pertnité une messe basse chaque mois delanné dans le courant des huit premiers jours des dits Mois dans la chapelle de notre dame du Rosaire de la ditte eglise ditte sous le vocable de notre dame des hermittes et cest en action des graces quil at plû a dieu verser par lintercession de la tres Sainte vierge sur l'entreprise de la ditte Compagnie et pour quil luy plaise vouloir les continuer laquelle le d[t] R[d] curé at retiré pour placer enun fond asseuré ou en rente sous la cence de quince livres annuelles pour la retributtion des dittes Deux messes qu'il s'oblige pour luy et ses successeurs de scellebrer comme dessus a perpetuitté à commencer dèsle mois de jeannier de lanné prochaine mil sept cent cinquante un et ainsi pour toujour a continuer sans pouvoir pretexter par le rettard du payemen dela ditte cence ou extinction dud[t] capital qui reste a la charge du d[t] R[d] curé et de ses successeurs et aux fins dela plus seure executtion de la pieuse intention dela ditte compagnie le d[t] R[d] curé à son nom et de ses successeurs se charge de faire enregistrer et homologuer le présent dans le courant de deux mois à leveché dud[t] genenois dememe quetous les actes qui seront faits et passés occasion dela ditte fondation pour surettė dela ditte rente placemen dud[t] capital ou autremen dans un semblable terme des la passation dieeux, ayant fait la ditte compagnie la ditte fondation sous condition encore quil luy serat loisible deplacer dans la ditte chapelle un tableau alefigie de notre dame des hermittes et de transferer la ditte fondation dans une autre chapelle en cas que la ditte compagnie voulut en faire Battir une dans laditte église, s'engageant en outre le d[t] R[d] curé dinscrire dans latabelle de sa cure la presente fondation sous ses conditions et tout ce que dessus dexecutter et faire executter pour luy et ses successeurs sous l'obligations des Biens temporels de la ditte cure quil se constitue tenir et à peine de tous depends Domages et interest sous et avec toutes autres Dues promesses soumissions renonciations et autres clauses requises aux quelles les dittes parties se soumettent respectivemen sous l'obligation constitution de tous leurs Biens et a peine de tous Depends domages et interests fait et prononcé au lieu que dessus en presence de antoinne perrier natif de la presente uille et de Benoît menard de S[t] jean de chevelu : tous deux maitres charpentiers habitants la présente uille temoins requis. reçu pour un droit au tabellion Deux livres Dues les temoins sont illiterés de ce enquis par moy nottaire collegié soussigne le present recevoir requis que jay expedié pour loffice du tabellion.

BUISSON, not[e].

De nos jours, le curé de Gruffy doit encore acquitter, chaque année, sept messes basses pour le service de cette fondation. En principe, elle était d'un capital de 300 livres, qui a été, plus tard, porté à 360 ; l'abbé Richard, curé actuel de Gruffy, ne sait pourquoi, ne possédant pas l'acte de fondation.

Dans le relevé du compte de bénéfice-cure de la paroisse de Gruffy, pour l'année 1875, lequel existe aux Archives départementales de la Haute-Savoie, il est dit :

« Et les autres Trois cent soixante livres proviennent de Dame Françoise-Louise-Eléonore De La Tour, baronne de Warens, et ont été mises en rentes annuelles et perpétuelle, au profit de la dite cure de Gruffy, par François Dagand, sous le cautionnement solidaire de Claude Gros-Jean, aïeul du dit François Marie comparant, par acte du 21 mars 1755, Lyonnaz notaire, insinué à Rumilly le 7 avril suivant pour une livre quinze sous, ancienne monnaie de Savoie ; »

Dans un acte du 16 janvier 1827, Raphy

notaire à Albens, insinué à Rumilly le 8 février suivant, Eloi Serand a encore relevé ce passage :

« Laquelle somme forme le montant de toutes les censes échues à la date du dit jugement, dérivantes de la rente que François Dagand a consentie à perpétuité sous le cautionnement solidaire de Claude Grosjean ayeul du prénommé Grosjean au profit de la Cure de Gruffy par acte du 21 mars 1755, Lyonnaz notaire, insinué à Rumilly le 7 avril suivant au droit de 1 l. 15 sous ancienne monnaie de Savoie et qui a été fait en exécution de la fondation faite par Dame Françoise Louise Eléonore de la Tour baronne de Warens et compagnie à forme de l'acte passé à ces fins, sous la date du 5 novembre 1750, Buisson notaire, insinué à Rumilly le 18 novembre suivant »

Aux Charmettes, la boiserie du fond de l'oratoire, peinte en blanc avec filets jaunes imitant l'or, porte, au-dessus de l'image pieuse, l'invocation :

SUB TUUM PRESIDIUM CONFUGIMUS SANCTA DEI GENITRIX

Sur l'image peinte du rétable on lit : NÔTRE DAME DES ERMITES. La vierge et l'enfant de l'image sont d'un blond tirant sur le roux ; leur figure est blanche et rose, leurs yeux bleus. Peut-être le peintre, en adoptant ce type, a-t-il voulu plaire à Mme de Warens, car la Vierge d'Einsiedeln, comme celle de Myans, est noire. Au plafond plane, les ailes épandues, sous la forme d'une colombe, un saint-Esprit d'une atroce facture. L'autel possède encore le canon *Deus + qui humanae* et celui *In + principio erat Verbum ;* leur impression est du XVIIIe siècle, les cadres dorés appartiennent à la même époque. Le *Missale Romanum* porte comme mention d'éditeur : *Lugduni*, Excudebat *Petrus Valfray*, Regis et Cleri Typographus unicus, in vico Mercatorio, sub signo Coronae Aureae, — avec la date M.DCCXXVIII. Ce missel est certainement de l'époque de Mme de Warens.

Au mur, à droite, dans cet oratoire qui a les dimensions d'une alcôve ordinaire, est accroché un petit tableau à l'huile, de

47 centimètres de hauteur sur 35, attribué à Jean-Baptiste Peytavin, l'élève de David, beau-frère de Georges-Marie Raymond. Il représente Mme de Warens, à genoux, remerciant le ciel de l'avoir éclairée en la ramenant à la vraie foi, sous la forme d'une femme grasse, fraîche, rose et blanche, de trente à trente-cinq ans, les mains étendues vers une clarté venant d'en haut. La dame est vêtue d'une robe jaune or, drapée dans un grand manteau rose ; elle a la bouche entr'ouverte, l'œil grand et extatique. Ses cheveux sont d'un blond vénitien, bouclés, retenus par un bandeau en diadème de couleur gris perle. Elle est coiffée en châtelaine, avec deux nattes relevées sur le sommet de la tête et surmontées d'une couronne comtale, laquelle, formant un cercle d'or de neuf pointes allongées et semblables, est de celles désignées, en art héraldique, sous le nom de couronne antique. La figure de ce tableau répond, en tous points, au portrait que M. de Conzié, en connaisseur, fait de Mme de Warens, dans sa lettre au comte

de Mellarède : « Sa taille était moyenne, mais point avantageuse, eu égard qu'elle avait beaucoup et beaucoup d'embompoint, ce qui lui avait arrondi un peu les épaules et rendu sa gorge d'albâtre aussi trop volumineuse ; mais elle faisait aisément oublier ces défauts par une physionomie de franchise et de gaieté intéressante. Son ris était charmant, son teint de lis et de rose, joint à la vivacité de ses yeux annonçaient celle de son esprit... » La couronne comtale fait allusion aux prétentions nobiliaires de celle qui continua à s'appeler *la baronne de Warens*, tandis que son mari quitta le titre de Seigneur de Vuarrens après qu'il eut vendu cette terre, qu'il ne posséda, en définitive, que du 2 août 1723 au 23 mars 1728 ; le 5 août 1744, une délibération du Conseil de la ville de Chambéry désigne encore la dame par l'appellation de *comtesse* de Warans de la Tour ; en 1745, étant à Thonon, Mme de Warens alla jusqu'à Evian, sous le nom de *comtesse* de Conzié. La couronne comtale est donc un attribut typique, indispensable à l'interprétation exacte du tableau de Peytavin.

En 1744, Mme de Warens faisait fabriquer du savon, en 1749, de la poterie en fer. Or, la maison historique des Charmettes n'offre, à l'intérieur, aucune trace de four. Il est donc admissible que l'oratoire fut installé au premier étage de la maison, près de la chambre à coucher de la baronne, afin d'utiliser la chapelle, dont le petit bâtiment, sur le bord du chemin, pouvait se prêter aux expériences industrielles ; de nos jours, l'ancienne chapelle, jadis transformée en four, sert de grenier.

Mme DE WARENS

AU RECLUS

Mme de WARENS

Leroux sculp. — Ambroise Tardieu dir.

Fac-simile réduit de 1/10 environ.

Mme DE WARENS
AU RECLUS

Quelques jours avant que Mme de Warens ne cédât son bail des Charmettes au marchand Joseph Vial de Chambéry, Jean-Jacques lui avait écrit, de Paris, à la date du 17 Janvier :

« Un travail extraordinaire qui m'est survenu, et une très mauvaise santé, m'ont empêché, ma très-bonne maman, de remplir mon devoir envers vous depuis un mois. Je me suis chargé de quelques articles pour le grand *Dictionnaire des arts et des sciences*, qu'on va mettre sous presse. La besogne croît sous ma main, et il faut la rendre à jour nommé ; de façon que, surchargé de ce travail, sans préjudice de mes occupations ordinaires, je suis contraint de prendre mon temps sur les heures de mon sommeil. Je suis sur les dents ;

mais j'ai promis, il faut tenir parole : d'ailleurs je tiens au cul et aux chausses des gens qui m'ont fait du mal ; la bile me donne des forces, et même de l'esprit et de la science :

La colère suffit et vaut un Apollon.

« Je bouquine, j'apprend le grec. Chacun a ses armes : au lieu de faire des chansons à mes ennemis, je leur fais des articles de dictionnaire : l'un vaudra bien l'autre, et durera plus longtemps.

« Voilà, ma chère maman, quelle seroit l'excuse de ma négligence, si j'en avois quelqu'une de recevable auprès de vous : mais je sens bien que ce seroit un nouveau tort que de prétendre de me justifier. J'avoue le mien en vous demandant pardon. Si l'ardeur de la haine l'a emporté quelques instans dans mes occupations sur celle de l'amitié, croyez qu'elle n'est pas faite pour avoir longtemps la préférence dans un cœur qui vous appartient. Je quitte tout pour vous écrire : c'est là véritablement mon état naturel.

« *En vous envoyant une réponse à la dernière de vos lettres, celle que j'avois reçue de Genève, je n'y ajouterai rien de ma main ; mais je pense que ce que je vous adressai étoit décisif, et pouvoit me dispenser d'autre réponse, d'autant plus que j'aurois eu trop à dire.*

« Je vous supplie de vouloir bien vous charger de mes tendres remercîmens pour le frère ; de lui dire que j'entre parfaitement dans ses vues et dans ses raisons, *et qu'il ne me manque que les moyens d'y concourir plus réellement.* Il faut espérer qu'un temps plus favorable nous rapprochera de séjour, comme la même façon de penser nous rapproche de sentimens.

« Adieu, ma bonne maman, n'imitez pas mon mauvais exemple ; donnez-moi plus souvent des nouvelles de votre santé, et plaignez un homme qui succombe sous un travail ingrat. »

Puis Rousseau semble négliger de correspondre avec Mme de Warens jusqu'au 13 février 1753. A cette date, il lui écrit de Paris :

« Vous trouverez ci-joint, ma chère maman, une lettre de 240 livres. Mon cœur s'afflige également de la petitesse de la somme et du besoin que vous en avez : tâchez de pourvoir aux besoins les plus pressants ; cela est plus aisé où vous êtes qu'ici, où toutes choses, et surtout le pain, sont d'une cherté horrible. *Je ne veux pas, ma bonne maman, entrer avec vous dans le détail des choses dont vous me parlez, parce que ce n'est pas le temps de vous rappeler quel a toujours été mon sentiment sur vos entreprises* : je vous dirai seulement qu'au milieu de toutes vos infortunes, votre raison et votre vertu sont des biens qu'on ne peut vous ôter, et dont le principal usage se trouve dans les afflictions.

« Votre fils s'avance à grands pas vers sa dernière demeure : le mal a fait un si grand progrès cet hiver, que je ne dois plus m'attendre à en voir un autre. J'irai donc à ma destination avec le seul regret de vous laisser malheureuse.

« On donnera, le premier de mars, la première représentation du *Devin* à l'Opéra de Paris : je me ménage jusqu'à ce temps-là avec un soin extrême, afin d'avoir le plaisir de le voir. Il sera joué aussi, le lundi gras, au château de Bellevue, en présence du roi ; et Mme la marquise de Pompadour y fera un rôle. Comme tout cela sera exécuté par des seigneurs et dames de la cour, je m'attends à être chanté faux et estropié ; ainsi je n'irai point. D'ailleurs, n'ayant pas voulu être présenté au roi, je ne veux rien faire de ce qui auroit l'air d'en rechercher de nouveau l'occasion. Avec toute cette gloire, je continue à vivre de mon métier de copiste, qui me rend indépendant, et qui me rendroit heureux si mon bonheur pouvoit se faire sans le vôtre et sans la santé.

« J'ai quelques nouveaux ouvrages à vous envoyer, et je me servirai pour cela de la voie de M. Léonard ou de celle de l'abbé Giloz, faute d'en trouver de plus directes.

« Adieu, ma très bonne maman, aimez toujours un fils qui voudroit vivre plus pour vous que pour lui-même. »

Jean-Jacques qui, en 1746 et 1747, était parfois dans l'impossibilité d'affranchir ses lettres, proposait à Mme de Warens, en 1748, de correspondre avec elle par l'intermédiaire de l'archiprêtre Léonard. « Si vous jugiez à propos, dit-il dans sa lettre de Paris, datée du 26 août, nous nous écririons à l'ordinaire par cette voie. Ce serait quelques ports de lettres, quelques affranchissemens épargnés dans un temps où cette lésine est presque de nécessité. » Cette phrase indique, mieux que tout commentaire, l'état *d'opprobre et de misère* auquel était réduit le malheureux écrivain qui, trois ans après, en 1751, écrivait encore à Mme de Francueil : « je gagne au jour la journée mon pain avec assez de peine ; ... » Ce pénible aveu, la lettre du 17 janvier 1749, celle du 13 février 1753, la lacune épistolaire qui, dans la première Partie de la Correspondance, se révèle entre ces deux dates, montrent la tension des rapports, la froideur qui existait, alors, dans les relations de Mme de Warens avec Rousseau. Il faut lire ces lettres entre les lignes. Pour préciser les circonstances, il y avait, alors, plus de dix ans que Jean-Jacques avait dû quitter les Charmettes et céder la place à son *frère*, c'est-à-dire au perruquier Wintzenried, qui le supplanta auprès de Mme de Warens. Rousseau venait d'être couronné par l'Académie de Dijon ; la dame, de son côté, avait dépassé la cinquantaine et jouissait, momentanément, d'une certaine aisance, puisqu'elle avait pu faire, le 5 novembre 1750, à la chapelle de la Ste Vierge, à Gruffy, une fondation de 300 livres, à la charge de messes pour l'heureux succès de ses entreprises. Quelque temps auparavant, elle s'était définitivement installée au Reclus ; les Archives départementales de la Savoie possèdent le mémoire des réparations que la baronne y fit exécuter. Ce document figure au suivant chapitre ; voici le bail, encore inédit, relevé au verso du folio 335 du troisième Livre de 1750 du Tabellion de Chambéry, conservé au Greffe du Tribunal de première instance de cette ville :

ASSENSEMEN
passé par le sg marquis dallinge à la dame Baronne de uarens mansord et compagnie

Ins. le 18 9bre 1750
L. 1. 10. 0. L. 2.5.0.

Lanmil sept cent cinquante et le uingt deux du mois doctobre à deux heures apres midy dans la maison du sg marquis dallinge situé au faubourg dureclu de la presente uille de chambery pardevant moy nottaire Royal Collegié soussigné et presents les temoins cy après nommés soit personnellemen etabli et constitué sieur claude fils de feu sieur pierre vibert natif dalby habitant la presente uille lequel enqualité de procureur dud sg messire jeaque dallinge marquis de Coudré Iulin aix & premier gentilhomme de la chambre de sa majesté at assencé ainsique par le present il assence à dame françoise louise leonore fillie de feu seigneur messire jeanbaptiste delatour Baronne de varens native de la uille du veuay en suisse habitante la presente icy acceptante pourelle et au nom de noble françois mansord et compagnie la presente maison dud sg marquis auc ses dependances et appartenances quelsconques de la même Maniere quela ditte dame et compagnie en ont joüis des le commencemen du courant mois doctobre et cest pourles tems et terme de neuf annés qui ont comencés des le premier dud courant mois et à semblable tems deuoir finir sous lacense soit loyer annuel de trois cents quarante liures payable danné en anné pendant le sus dit terme et toujour par auance soit dans lecourant des huit premiers jours de chaque anné a quel effet laditte dame a presentemen reellemen compté et nombre auvû demoy dit nottaire et temoins aud. s. nibert la somme de trois cents quarante liures en liures effectives pourle loyer dela courante anné et la ditte somme par celuy cy verifié retirée et embourcée dont il la quitte et libere auec promesse quil fait ensa ditte qualitté de faire jouir la ditte dame Baronne et Compagnie des choses sus assencés pendant lesus d. terme à l'obligation des Biens dud sg marquis quil se constitue en vertu de la ditte procuration tenir à peine detous Depends domages intèrets aumoyen de quoy laditte dame Baronne à son nom et de sa compagnie promet regulieremen payer pendant le sus dit terme de neuf ans et autems cy dessus fixé led. loyer à l'obligation constitution detous unchacun des Biens et dela ditte compagnie quelle se constitue solidairemen tenir apeine de tous Depends domages interets auec convention que manquant ausus d. payemen terme parterme comme dessus il serat facultatif aud. sg marquis de resoudre le present dont le dernier des susdits huit jours constituera les assensataires en demeure et par ainsi dassencer le present aux frais et domages dela ditte compagnie et en outre convenu que lepresent est aux frais Dicelle qui se trouve obligé d'en faire remettre une expedition dans la huitaine aud. sg marquis le tout ainsi conuenu entreles dittes parties sous et auec toutes autres dues promesses soumissions renonciations constitutions de Biens peines et autres clauces requises fait et prononcé aulieu que dessus en presence de me joachim chabert nottaire Royal procureur collegié au senat natif Bourgeois de la pre te uille et du s. laurent Roche natif daoste en dauphine habitant la presente uille temoins requis uien (pour revient) pour undroit autabellion trois liures quince sols. Le present contien deux pages et demy enmaminutte que jay levé et expedié pour le tabellion de le receuoir requis.

BUISSON, not[e].

Ce document, en histoire, clôt l'idylle des Charmettes.

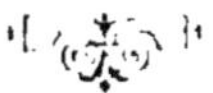

WINTZENRIED

DIT LE CHEVALIER DE COURTILLES

ET Mme DE WARENS

Leurs relations jusqu'en janvier 1754.

WINTZENRIED

DIT LE CHEVALIER DE COURTILLES

ET Mme DE WARENS

Leurs relations jusqu'en janvier 1754.

Il est prouvé, par le document publié d'après Vallier, que Wintzenried, qui n'est pas nommé dans le bail de 1738, était déjà le factotum de Mme de Warens en 1739. Les Archives départementales de la Savoie contiennent une série de titres, la plupart inédits, qui font revivre le personnage. Et voici d'abord une lettre de l'archiprêtre de Gruffy, où il est question de lui :

†

« Madame et très-chère sœur

« La promesse que vous me fites, par la dernière de vos lettres, en datte du 15 février passé, lors que j'eus l'honneur de vous envoier l'acte de vôtre donation en faveur de Mr le B. de Warens de me donner, vers les pâques suivantes, de vos nouvelles, sans que depuis près de dix mois j'en ai receue, ni par écrit, ni verbalement, m'a d'autant plus surpris que je n'ai point cru vous avoir donné occasion au silence mortifiant que vous aves gardé à mon égard.

« Vous m'avés demandé ci-devant, par la susdite lettre, où nous en êtions de nos comptes, parce que vous ne vous en ressouveniés pas, et je vous marquai tout bonnement le montant de vos deux billets, sans y comprendre le prix convenu des six derniers vaisseaux de froment que M de Courtilles vient prendre ici, de votre part, dont je n'ai d'autre assurance que celle que je sai que vous les avés bien receu.

« Je me suis imaginé cent fois, depuis lors, qu'une réponse à la votre par laquelle vous souhaittiés savoir où nous en êtions de nos intérests communs, ne pourroit pas vous avoir fait aucune peine. J'ai donc été dans une véritable perplexité depuis ce tems là, jusque dans ce moment que je viens de recevoir la chère lettre dont vous m'avés honnoré, en datte du 28e du passé, par laquelle vous pensés que je suis le coupable de nôtre silence respectif. Partageons donc, ma très chère sœur, le reproche fraternel et avoués moi, de bonne foy, que je n'ai pas tant tort, ayant sçu que M. de Courtilles a passé plusieurs fois dans notre voisinage, pendant le cours de l'année, sans me donner aucun signe de vie de votre part. Je vous avouerai aussi que si j'avois été informé du temps que vous y avez passée vous même, lors de votre voyage de Thonon, je me serois trouvé malgré vous à votre passage, pour vous rendre les devoirs d'un frère sincère et tout dévoué. Vous n'auriez pu alors me refuser cette satisfaction qu'une amitié de dix-huit doit s'attendre. Cependant je n'ai pas moins pris de part à tout ce qui vous intéressoit, pendant tout ce tems, comme si j'avois receu tous les jours de vos nouvelles.

« Je me prévaus aussi comme vous, ma très-chère sœur, de l'approche des saintes fêtes, pour vous assurer de la sincérité des vœux que je n'ai jamais discontinuée de faire, pour demander au Sauveur naissant que la divine providence daigne toujours vous soutenir du bras de sa sainte protection, dans tous les évènements fâcheux que vous essuiés, depuis que vous êtes devenue la fille de cette même providence.

« Je suis plus que persuadé que la longueur d'une cruelle guerre vous met à l'épreuve, par des contretems les plus fâcheux. Jamais la Savoye ne vit tant de misères et d'indigens dont le nombre augmente étrangement. Pourriés vous bien croire, ma très chère sœur, qu'aiant été obligé, pour soulager mes paroissiens, de leur donner presque tout mon blé à crédit, outre les aumônes extraordinaires faites aux pauvres, je me suis vu réduit à emprunter pour faire mes emplettes de vin, de sorte que si je passe, dans le monde pour être à mon aise, c'est en crédit seulement, mais il faudroit avoir un cœur de marbre pour ne pas sentir les calamités publiques et les nécessités des particuliers qui nous environnent.

« Soiez donc persuadée, ma très chère sœur, que je fais tant de cas de votre chère amitié que je ne perdrai jamais la moindre occasion de m'en mériter la continuation. Je suis si persuadé, à mon tour, de votre bon cœur à mon égard, que je ne saurais jamais craindre du moindre rallentissement, après les protestations sincères et multipliées que j'en ai receu, en toutes occasions. Je vous assure aussi, ma très chère sœur, avec la même sincérité, du très respectueux et de l'inviolable attachement avec lequel je ne cesserai jamais d'être

Madame et très chère sœur

Le 17 X[bre]..... 1745
Amitié de...... 18

1727

Votre très humble et très obeissant serviteur

P. Léonard,
Curé de Gruffy.

P.-S. — Une personne de Thonon me dit il y a quelque tems que vous avies été jusques à Evian incognito sous le nom de la Comtesse de Conzier pour experir (sic) des intérêts de famille sur lesquels vous avies droit et cela outre celui que vous aves acquis sur vos propres biens par la nullité de votre donation cassé au Sénat — Comme j'ai remarqué que vous aves gardé un profond silence sur tous ces faits j'ai bien lieu de craindre que tout ce qu'on a dit à ce sujet Annessy et ailleurs mérite confirmation. Si la chose n'est pas telle l'Evangile vous fournit en cette occasion une vérité qui doit vous consoler, et le discours que fit St Pierre à Jésus-Christ quand il l'appella à lui peut aussi y contribuer.

« Mon empressement à être informé de ce qui pouvoit intéresser une bonne amie m'a porté à vous faire cette ouverture.

« A. V. E. »

Wintzenried est témoin dans l'acte suivant, passé aux Charmettes, duquel il ressort que noble Guillaume Saultier de La Balme et Mme de Warens avaient acheté, conjointement, du marquis de La Roche, des biens, bâtiments, minières et artifices, situés à St Michel-en-Maurienne, avec privilège d'exploitation. M. de la Balme donne pouvoir à Mme de Warens d'établir, pour cette exploitation, une compagnie d'actionnaires; il y aura vingt actions de 200 louis d'or. Cet acte est curieux en ce qu'il initie aux conditions d'organisation et de fonctionnement de la fameuse compagnie.

PROCURATION

passée par Guillaume Spautier (sic) de La Balme seigneur de La Fournache, à la dame baronne de Varens de La Tour du 1er Xbre 1747.

L'an mille sept cent quarante sept et le premier jour du mois de décembre, au lieu des Charmettes, sur les trois heures après midy, dans la maison de dame françoise Louise Eléonore, fille de feu noble Jean-Baptiste de La Tour, épouse de noble Delouis de Varens, native de la ville de Vevey, païs de Vaud, au canton de Berne, habitante au lieu des Charmettes, pardevant moi notaire royal soussigné, et en présence des témoins cy-après nommés, s'est établi et constitué en sa personne, noble Guillaume fils de feu noble Antoine Spautier de la Balme, seigneur de La Fournache, capitaine au service de Bavière, natif de La Roche, habitant en la ville de St Jean de Maurienne, lequel de gré aïant conjointement avec ladite dame baronne de Varens de La Tour, aquis des artifices, bâtiments, minières et autres biens fonds appartenant au seigneur marquis de La Roche, habitant de la ville de Turin, situés et fixés dès la parroisse de St Michel en Maurienne, jusques à l'extrémité des frontières du Piémont; avec le droit et privilège d'y faire fouiller, exploiter, excaver et réduire toutes les minières en dépendantes, de quelles espèces de métaux qu'elles puissent être; auxquels travaux lesdits sieurs aquéreurs voulant donner commancement ; c'est pourquoi étant indispensable pour parvenir au but d'y faire travailler avec succès, d'établir une compagnie suffisante d'intéressés dont l'assistance et le secours est nécessaire dans des travaux si immenses ; ledit noble Guillaume Spautier de La Balme, instruit de l'expérience, lumières et connaissances de ladite dame baronne de Varens, icy présente et acceptante l'a fait et constitué sa procuratrice spéciale, en agréant et consentant, pour ce qui le concerne, qu'elle forme et établisse ladite compagnie à son gré, en se conformant, autant que faire se pourra, aux dispositions cy-après : Primo, que la compagnie s'établira et se divisera en vingt-quatre actions dont l'aquisition ne pourra être faite que par des personnes d'un honnête état et d'une probité reconnue. — 2° Que le prix de chaque action ne devra pas être moindre de deux cents louis neufs de France, soit leur valeur, dont la moitié devra être remise sans délai, entre les mains du receveur qui sera établi, dans la présente ville, en la personne d'un marchand des plus accrédités, qui en passera son reçu en forme, en faveur de chaque intéressé et en tiendra un registre particullier dont il donnera notte au teneur de livres qui sera établi par la Compagnie ; et les cent livres d'or restans ou leur valeur seront remis entre les mains dudit receveur, six mois après la datte du premier receu, à condition néantmoins qu'en cas qu'il se trouva quelques profits pendant le courant desdits six mois, audit cas, ce qui pourra revenir à chaque intéressé sera imputé et précompté sur le dernier fond. — 3° Que l'on fera fouiller toutes les mines de fer, cuivre, plomb, argent s'il s'en trouve, et autres métaux et minéraux inférieurs, dans toute l'étendue du susdit territoire. — 4° Que les fonds dépositès entre les mains du susdit receveur, ne pourront être dépensés que sur des mandats émanés et signés par ladite dame de Varens et par ledit seigneur de La Balme ou à son absence, par le procureur qui sera par lui constitué, lorsque les mandats devront être enregistrés par le teneur de livres. —

5° Que l'établissement étant ainsi fait, l'on conviendra du lieu et de la personne qui sera dépositaire des métaux provenans des fabriques, lequel s'en chargera, et son chargé sera remis au teneur de livres, pour être mis en liasse et enregistré; et négociera et vendra lesdits métaux, au nom de la Compagnie, au prix qui sera déterminé, et en comptera immédiatement le produit au receveur qui lui en passera son receu, lequel devra être remis au teneur de livre, pour être mis en liasse et enregistré; prenant soin, si faire se peut, que le receveur puisse, en même tems, faire la négociation des métaux; auquel cas son seul chargé suffira pour être remis au teneur de livre, ce qui est sans aucune conséquence ni adstrution (sic) de remettre tous les dits métaux qu'un intéressé pourra aussi, sur son chargé, négocier au profit de la Compagnie, en tant cependant, que le prix ne sera pas moindre que celui fixé à l'égard du dépositaire. — 6° Que les arrangements et dispositions étans ainsi pris, les intéressés s'assembleront en personne ou par procureur, à la fin de chaque année, pour règler et affiner les comptes en recette et dépense, et fixer les bénéfices qui reviendront à chacun; et finalement que les fonds des intéressés ne pourront être retirés que lorsqu'il constera des comptes que les profits arriveront à l'équivalent des fonds, de façon que les mêmes fonds devront toujours subsister, pendant que la société subsistera, suivan le terme qui sera fixé à ce sujet, et ne pourront être pris que lors de la dissolution de la société, d'un consentement unanime; de façon qu'aucun intéressé ne pourra retirer ses fonds qu'après qu'il constera qu'ils pourront être libres par le moïen des profits.— Eu égard aux grandes dépenses que exigent les commencemens des travaux, et comme cette entreprise peut demander des dispositions ultérieures, et même des contraires, ledit sieur de La Balme donne pouvoir à ladite dame de Varens de gérer et diriger le tout à son gré, ce qu'il approuve et ratifie par avance, en se conformant à tout ce qui sera fait, géré et administré par ladite dame. Et comme tant ladite dame que ledit seigneur de La Balme ont fait en particullier des avances, soit pour l'acquisition, soit pour l'établissement des travaux, il a été convenu que ce dont l'un et l'autre pourront être créanciers, suivant les comptes qui seront présentés et vérifiés, sera précompté sur les fonds qu'ils sont tenus de faire en conformité des présentes dispositions ; et qu'à défaut de ce, les créances seroient balancées et remboursées par le débiteur, dans tout le courant de l'année prochaine ; approuvant et ratifiant, ledit seigneur de La Balme, la présente procuration et les articles y contenus ; élisant domicile en la personne de ladite dame, avec promesse d'observer le tout, et de l'indamniser, à la forme du droit, à peine de tous dépens, dommages et intérêts, sous l'obligation et constitution de ses biens présens et à venir.—Fait et prononcé audit lieu, en présence du sieur Jean-Baptiste Romefort de La Grave, capitaine au service de Sa Majesté Catholique et du sieur Jean-Samuel-Rodolphe Wintzenried de Courtilles, tous deux habitans audit Chambéry, témoins requis; lesquels ont signé à la minutte, de même que les parties et moi notaire soussigné, requis de recevoir la présente, ai icelle leu et prononcé aux parties, et expédié à ladite dame baronne de Varens, à sa réquisition, après l'avoir fait insinuer à l'office du tabellion de la présente ville, au feuillet deux cent-soixante-un du troisième livre de la courante année, et payé les droits accoutumés, comme en conste de l'attestation du sieur Péronnet, commis, en datte du 31 x^{bre}, an susdit.

signé : GOMME, *notaire.*

L'acquisition des fabriques du marquis de La Roche avait donné quelques soucis d'argent à Saultier de La Balme, témoin l'acte suivant, passé sous seing privé, par lequel il offrait la garantie de tous ses biens à la personne qui consentirait à prêter 10.000 écus à Mme de Warens :

ACTE DE CAUTION

par M. de La Balme de la Fournache, en faveur de Mme de Warens.

« Je soubsigné promet et m'engage en la meilleure forme possible, offrant de passer procure à ce sujet ou de me rendre en personne auprès de ceux qui voudront prêter dix milles écus à Mme la baronne de Warens de La Tour, pour être appliqués à l'aquisition des fabriques de Monsieur le marquis de La Roche, comte de Granéry; les dittes fabriques situées entre St Michel et St André en Maurienne; de laqu'elle sôme, outre la spéciale ipottèque que le préteur aura sur lesdittes fabriques, jusqu'au ramboursement de laditte somme, je m'angage et me rand caution, sur la généralité de mes biens, de faire rambourçer laditte sôme, ou la rambourçer de mes propres deniers, au cas que laditte dame ne peut le faire elle-même au termes convenus avec le prèteur. En foy de quoy j'ai signé le présent, à St Jean de Maurienne, le 15 7bre 1747.

De La Balme de La Fournache. »

De son côté, le contrat de vente passé, de La Roche s'empressait de se faire accorder le droit de rachat perpétuel, passé le terme de cinq ans, pour un sixième, des biens qu'il avait vendus :

EXTRAIT de rémission de réachapt perpétuel accordé par Dame Françoise Eléonore de La Tour, dame de Warens, en faveur du seigneur marquis de La Roche du 26 novembre 1747 (Decoux notaire).

« L'an mil sept cents quarante sept et le vingt six novembre, à onze heures avant midy, dans la chambre qu'ocupe la dame contractante cy après, dans la maison de Madame la comtesse de Saint-Laurens, cytuée dans la ville de Chambéry; par devant moy notaire, et témoins cy-bas nommés, se sont personnellement constitués dame Françoise-Louise-Eléonore de La Tour, fille de feu noble Jean-Baptiste de La Tour, native du pays de Vaud en Suisse, canton de Berne, résidant présentement au château appelé des Chermettes, parroisse de St Léger, dudit Chambéry; épouse de Messire Isaac Sébastien, de Louis seigneur de Warens; et Mre Pierre François, fils de feu Jean Philibert Milleret, originaire de Samoens, notaire et commissaire d'extantes, bourgeois et habitant de la ville d'Annecy; agissant, ce dernier, en qualité de procureur généralement constitué par Messire Charles-Gaspard-Bernard Granery, marquis de La Roche, habitant à Turin, par acte du douze novembre, mil-sept cents quarante deux (Capet notaire); et encore au besoin en vertu du mandat que ledit seigneur luy a conféré par acte du dixième du courant mois, écrit et signé par Mre Durando, notaire de la ville de Turin. — Lesquels, de gré ont fait les conventions suivantes, en exécution de la promesse et condition verballement convenus entre eux, avant le contract receu par moy dit notaire, le jour d'hyer, passé entre les mains des parties, noble Jean-Guillaume Sautier de La Balme, seigneur de La

Fournache, et Mathieu Casse Daurelle, sçavoir que ladite dame, pour elle et les siens, accorde audit seigneur marquis de La Roche, pour luy, les siens et droit ayant, afin qu'ils puissent en disposer à leur gré, la faculté et droit de réachapt perpétuel, passé le terme de cinq ans, pour une sixième, soit la moitié du tiers acquis par ladite dame, des biens, baptiments, meubles et effets, privilèges, concessions et choses quelconques dont s'agit dans ledit contrat du jour d'hyer, ratification et acte de vente et cession du vingt-quatre octobre dernier, aussy receu par moy dit notaire, y énoncés et relatés ; et c'est au moyen que, dans le cas de réachapt, que le dit seigneur marquis et les siens ou droit ayant quelconques, pourront faire, passé ledit terme, perpétuellement et quand bon leur semblera, rambourceront soit payeront à ladite dame et aux siens la somme de quatre mille trois cents livres de Savoye, et dans le même cas, elle sera obligée, et les siens, de représanter toutes choses en même état où elles sont actuel lement, et sans pouvoir contracter ny faire aucun hypothèque en faveur de qui que ce soit, qui puisse préjudicier au présent, par lequel l'on entend et l'on proteste au contraire expressément de ne faire aucune novation, ny préjudicier aux droits, antériorités des dettes, hypothèques et clauses solidaires et de constitut acquis audit seigneur marquis, en vertu desdits actes ; obligeant spécialement, ladite dame, et sans que la spécialité derroge à la généralité, les dites choses soit portions par elle acquises, avec la clause de constitut, et à peine de tous dépens, dommages et intérêts pour l'antier effet et observation du présent, et à peine de tous dommages et intérêts, et le tout à l'ixeptation (sic) dudit Mre Milleret, en sadite qualité pour ledit seigneur et les siens ou droit ayant, avec moy dit notaire, aussi stipulant, recevant et acceptant, à l'absence et en faveur d'iceux. — Bien entendu que dans le dit cas de réachapt, ledit seigneur et les siens ou droit ayant, comme dessus, seront tenus de rembourser à ladite dame et aux siens, une sixième des frès et autres dépenses faites et à faire depuis ledit contract de vente et cession, pour réparations et améliorations, au cas cependant qu'ils n'en fussent pas suffisamment remboursés et dédomagés par les fruits et avantages qu'ils se trouveroient avoir perçus jusqu'au dit rachat; à quel effet, il seront obligés de donner pour lors un compte exact de tout, pour pouvoir le vérifier. Et pour l'observation de tout le contenu au présent, lesdites parties obligent tous un chacun leurs biens présents et à venir, sçavoir : de la part dudit Mre Milleret, ceux dudit seigneur, avec la clause de constitut d'yceux, et à peine de tous dépens, dommages et intérêts, et sous les spéciales et générales hypotèques, réserves et proteste, sus plus amplement exprimés, sous toutes autres dues promesses mutuelles stipulations, acceptations, renonciations et autres clauses requises.

Fait et prononcé audit lieu. Présent le sieur Jean-Michel Falquet, bourgeois et habitant du dit Annecy, et le sieur Louis Magnin, de la parroisse du Vilard sur Yenne, habitant audit Chambéry, témoins requis, qui ont signé en fin de la minute, avec lesdites parties et moy notaire royal collégié, soussigné, requis de recevoir le présent que j'ay expédié en faveur de ladite dame de La Tour de Varens le requérant; après l'avoir fait insinuer au bureau du tabellion dudit Chambéry, au feuillet trois cent-nonante, verso du troisième livre, et payé quatre livres cinq sols au sieur Arminjon, secrétaire insinuateur, à forme de son reçu du vingt-quatrième décembre mil sept cent-quarante-sept, quoyque par autre soit écrit. Signé Decoux, notaire, qui a mis au bas : Droit de tabellion, visite et papier marqué quatre livres dix sols; le tout payé par ladite dame de Warens.

Peut être pourrait-on placer à cette époque la minute, sans date, d'une lettre de Mme de Warens à l'un de ses associés, qui n'est pas autrement désigné. L'écriture de cette pièce, qui appartient, comme les précédentes, aux Archives départementales de la Savoie, n'est pas de la main de la baronne. La minute en concerne, probablement, Saultier de La Balme. Il y est question de 10.000 livres, comme dans l'acte de caution du 15 septembre 1747. Le dernier alinéa se rapporte, peut-être, à la femme de Charles-Gaspard-Bernard Granery, *marquis* de La Roche :

Monsieur et cher Associé

Vous m'aviez promis de vos chères nouvelles cependant je n'en ay aucunes, ce qui me fait bien de la peine. Vous verrez par la copie cy-jointe de la lettre que m'a écrit M. de Nervoz les tournure qu'il donne à nos propositions.

Voilà, Monsieur et cher associé, où vat nous conduire l'idée que vous avez de vouloir céder un droit positif pour engager dittes vous les intéressés à ce prêter de meilleure grâce aux propositions. Pour moy je vous dis, naturellement entre vous et moy, que sy les fonds que nous demandons avec tant de raison ne sont pas entré en caisse d'icy à la fin du moys prochain, comme nous l'avons demandé, qu'il ne nous convient d'aucunne façon d'entrer dans des nouveaux engagements, attendu que nous avons fait tous nos fonds, et au delà, par notre acquisition, et dailleurs vous savez que j'ay procuré à notre Compagnie la découverte de tous nos filons et que j'ay donné l'industrie et le plant de toutes la fonderies et moulages sans avoir receu aucunne récompense de la Compagnie ny à cet égard ny à celuy de la peine que j'ai journellement, pour le soutient de notre entreprise.

Vous savez que je suis la plus malpartagée de tous les intéressés, ainsy j'ay bien des sujets qui me rebute entièrement et qui devrois m'engager à getter le manche après la coignée.

Je vous prie en grâce, Monsieur et cher associé, de me dire au naturel ce que je dois penser de tout cecy, et ce que vous me conseillé de répondre à M. de Nervoz, sans quoy je ne luy feray aucune réponce ; cependant le cas est d'autant plus pressent que la personne en question, qui devoit avoir dix mille livres, dans ce païs, ne peut pas les retirer quand à présent, de ceux qui luy doivent ; ainsy voilà une affaire comme manquée ou du moins renvoyée pour longtem diable vend.

Je vous souhaite les plus heureuse fêtes et toutes sortes de prospérité dans la nouvelle année où nous allons entrer, vous priant que là bonne amitié reigne toujours entre nous à quoy je contribueray toujours de mon pouvoir, par le zelle sincére avec lequel je travaille sans relâche pour vos avantages comme pour les miens propres.

Je vous prie d'offrir à Madame la marquise les assurances de mon plus parfait dévouement et de tout mon respect. J'ay eu l'honneur de luy écrire depuis que vous êtes à Grenoble. Je vay faire travailler après ces fêtes à quelques jolies pièces que je vous prie de lui présenter de votre part et de la mienne Comme nous en sommes convenus donnez moy de vos chères nouvelles le plutôt possible. Et me croire sans réserve et avec une très parfaite considération.

Monsieur et cher Associé

Votre très-humble et très-obéissante servante.

Quoiqu'il en soit, et l'acte le prouve, Saultier de la Balme donnait pleins pouvoirs à Mme de Warens, par la procuration du 1 décembre 1747. Le 10 juin 1748, les deux associés admettaient, pour une action, dans la compagnie qu'ils avaient formée, un avocat au sénat, Etienne Boittier Avrillon, demeurant à Annecy. Des vingt actions, dont se composait le capital, dix étaient attribuées à Mme de Warens et à M. de La Balme, qui prélevaient, ainsi, la moitié des bénéfices de l'entreprise. Wintzenried figure comme témoin, dans cet acte notarié :

ASSOCIATION

passée par les nobles dame Françoise-Louise-Eléonore de Warens de La Tour et Sieur Jean-Guillaume Sautier de La Balme, seigneur de La Fournache, en faveur de spectable Estienne Boittier Avrillon, avocat au sénat, bourgeois, natif de Turin, habitant à Annessy.

Du 10 juin 1748.

L'an mil sept cent quarante huit et le dix du mois de juin, à cinq heures après midy, dans la maison d'habitation de dame Françoise-Louise-Eléonore de Warens de La Tour, fille de feu noble Jean-Baptiste de La Tour, native du pays de Vaud, canton de Berne, en Suisse, située en la grande rue de St Léger de la présente ville de Chambéry, se sont pardevant moi notaire collégié soussigné, et en présence des témoins ci-après nommés, personnellement établis et constitués ladite dame de Warens de La Tour, et noble Jean-Guillaume, fils de feu noble Antoine-Balthazard Saultier de

La Balme, seigneur de La Fournache, chambellan et capitaine au service de Son Altesse Electorale de Bavière, originaire de la ville de La Roche, résidant présentement à St Jean-de-Maurienne, lesquels, ensuite de l'acquisition par eux faite du seigneur marquis de La Roche, par acte du vingt-quatre octobre dernier, reçu et signé par Mre Decours, notaire, soit de Mre Pierre-François Millieret, procureur d'iceluy, par procure du douze novembre mil sept cent-quarante deux, Capel, notaire de la ville de Turin; et de la ratification dudit contrat par illustre seigneur Messire Charles Gaspard-Bernard de Grancry, marquis de La Roche, passés en faveur desdits nobles constituants; acte reçu le dix novembre, année dernière, par Mre Durando, notaire de Turin, des fabriques amplement spécifiées audit contrat d'acquis, et ne pouvant les mettre en état de travailler, pour en retirer un profit, sans établir une Compagnie qui fournisse aux avances en argent qu'il faut à ce sujet, attendu qu'ils en ont fait, de leur côté, tant pour l'acquisition desdites fabriques, à forme dudit contrat, que pour les découvertes et travaux qu'ils ont fait faire par eux-mêmes, lesquels la dite Compagnie trouvera faits ; et ne pouvant les continuer sans icelle ; de telle manière qu'ayant résolu de diviser en vingt portions le produit du profit desdites fabriques, toutes dépenses prélevées, économiquement faites par ladite Compagnie ; dont dix desdites portions resteront pour le compte desdits nobles constituants, et c'est pour les frais tant de ladite acquisition que autres dépenses, lesquelles seront prélevées avant toutes allocations de profits du produit desdites fabriques ; et les dix autres portions restantes seront prises et payées par ladite Compagnie, dans le courant du présent mois, sur le pied de trois mille livres chacune desdites portions ; laquelle dite somme sera délivrée entre les mains d'une personne receante (sic dans deux exemplaires, aux Archives départementales) et solvable, qui s'en chargera, sous l'honoraire qui sera arbitré ; et ladite Compagnie entrera en part au profit desdites fabriques, à proportion desdites portions, dont elle jouira pendant l'espace de quarante ans ; à l'échéance desquels il sera loisible à ladite Compagnie, de retirer la somme qu'elle aura avancée, ou de continuer, au gré cependant desdits nobles constituants qui feront jouir ladite Compagnie, pendant le susdit temps, des mêmes droits, privilèges, prérogatives et autres choses portées par ledit contrat d'acquis, à peine de tous dépens, dommages et intérests, à l'obligation et constitution de tous leurs biens présents et futurs, sous la clause solidaire, avec renonciation au bénéfice d'ordre et de division. De laquelle proposition s'étant aperçu spectable Estienne Boittier Avrillion, avocat au sénat, natif bourgeois de Turin, habitant en la ville d'Annessy, il auroit prié lesdits nobles seigneur et dame constituants de lui accorder une desdites portions, moyennant le payement d'icelle, ce qui auroit été convenu ; et même de lui donner, à ses frais un extrait par moi vidimé, du susdit contrat d'acquis, ratification et autres titres y désignés. — Pourquoi ainsi est que, l'an, jour et heure que dessus, par-devant moi dit notaire et témoins, se sont en personne établis et constitués les susdits dame de Warens et seigneur de La Fournache, qui, de leur gré, pour eux et les leurs, sous la même clause solidaire que dessus, ont admis, ainsi que par le présent acte ils admettent ledit spectable Estienne Boittier Avrillion, fils de feu sieur honoré Boittier, ici présent et acceptant pour lui et les siens, à jouir d'une desdites dix portions, aux mêmes conditions que ci-devant, moïennant qu'il a promis, ainsi que par le présent il promet de payer la somme de trois mille livres, entre les mains de ladite personne qui sera commise et députée par lesdits nobles dame et seigneur constituants; scavoir, dans quinze jours dès cejourdhuy, celle de quinze cents livres, et le surplus qui est les quinze cents livres restantes, dans le courant du présent mois, à peine de tous dépens, dommages et intérests, à l'obligation et constitution de tous ses biens, présents et à venir, sous toutes autres dues promissions, stipulations, acceptations, voulant lesdites parties que la narration du présent ne fasse qu'un seul et même corps avec la dispositive, aux mêmes peines, obligations et constitutions que dessus. — Fait et prononcé au dit lieu de Chambéry, en présence du sieur Jean-Samuel-Rodolphe Wintzenried de Courtilles, natif de Courtilles, canton de Berne, pays de Vaud en Suisse, habitant en la présente ville, et d'honorable Jean-Baptiste David, natif de la comté de Bourgogne, paroisse de Chenellay, aussi présentement de séjour en ladite présente ville, témoins requis ; lequel David n'a sçu signer, de ce enquis ; ayant, l'autre témoin avec lesdites parties, signé sur la minutte. Et moi dit notaire soussigné, collégié, de ce recevoir requis, ai le présent expédié, en faveur dudit sieur Sauttier de La Balme, seigneur de La Fournache, après avoir été insinué au bureau du tabellion de ladite ville de Chambéry, au feuillet 409 du second livre de la courante année, et payé trois livres dix sols, pour les droits d'iceluy, à forme du reçu mis en marge de ma dite minutte, le 11 juin 1748; signé par le sieur Arminjon, secrétaire insinuateur.

signé : Lyonnas — La minutte est du N° 200.

Quelques jours après, un autre personnage, françois Mansord, de Grenoble, imitait l'exemple de Boittier Avrillon et faisait l'acquisition, aux mêmes conditions que ce dernier, d'une action de la Compagnie créée par Mme de Warens pour l'exploitation des mines de la haute Maurienne.

« L'an mille sept cent quarente huit et le septième jour du mois de juillet, avant midy, à St Jean de Maurienne, dans la maison de Guillaume de La Balme, située à la rue de Bonrieux, pardevant moy notaire royal collégié soussigné et en présence des témoins cy-après nommés, s'est personnellement étably et constitué ledit noble Guillaume, fils à feu noble Antoine Balthazard Sautier de La Balme, seigneur de La Fournache, capitaine dans le régiment du prince électoral de Bavière, natif de la ville de La Roche, résident présentement en cette ville, lequel, de gré et ensuite de l'acquisition par luy faite conjointement avec la dame de Warens de La Tour, du seigneur marquis de La Roche, par acte du vingt quatre octobre dernier, Descour notaire, et de la ratification faitte d'icelny par acte du 10 novembre dernier, Durando notaire, des fabriques emplement désignés par les dits actes, admis et associés, ainsy que par le présent il admet et associe, pour laditte fabrique. noble François fils à feu noble hyacinthe Mansor, officier dans le régiment dragon de France, au service d'Espagne, natif de la ville de Grenoble, à présent de résidance en la présante cité, présent et acceptant ; et c'est pour jouir d'une des vingt portions desdittes fabriques ; le tout conformément au contract de société passé entre ledit noble Guillaume de La Balme, ladittc dame de Warens de La Tour et spectable Etienne Bottiez Avrillion, avocat au sénat, habitant à Annecy, en datte du dixième juin dernier, Lyonnaz notaire. C'est sous les mêmes termes, conditions, promesses, réserves et abstrictions et autres portés par ledit contract, signé Lyonnaz, auquel on se rapporte pour le tout à cet effet; promettant, ledit noble Guillaume de La Balme de faire avouer, approuver par laditte dame de Warens, en faveur dudit noble François Mansor le contenu au présent, suivant sa forme et teneur, de même aussy que par les autres associés; et s'en fait, ledit seigneur de La Balme, moyenant la promesse que fait ledit noble François Mansor de payer la somme de trois mille livres entre les mains de la personne qui sera commise et député par ledit noble de La Balme et dame de Warens de La Tour: — Scavoir, quinze cent livres dans quinze jours, et le surplus qui sont mille et cinq cent livres, dans le courant du présent mois, le tout à peine respective de touts dépends dômages et intérets, sous l'obligation respective de leurs biens présents et à venir, qu'ils se constituent à ces fins tenir, avec promesse que fait ledit seigneur de La Balme de faire expédier audit noble François Mansor, un double du contract d'acquis, ratiffication, comm'aussy un extrait du contract d'association passé par laditte dame de Warens et ledit noble de La Balme en faveur de spectable Etienne Boittier Avrillion, le dixième juin dernier, receu et signé par ledit Me Lyonnaz, notaire tous signés par extrait par moy notaire soussigné, aux fraix et dépends dudit noble François Mansor, de quoy acte requis octroyé. Fait et prononcé en présence d'honorable Mathieu feu Thomas Casse, natif et habitant de la paroisse d'Orelle et de Claude feu Antoine Poingt; natif et habitant de la paroisse de Font-couverte, témoins requis, tous lesquels susnommés ont signé sur la minute, et moy Jean-Baptiste Buttard, notaire collégié soussigné, requis de recevoir la présente, contenant deux pages deux tiers sur ma minute, insinuée aux feuillets 55 et 56 d'icelle, sur laquelle j'ay copié le présent que j'ay signé et en suite expédié audit noble François Mansord, après cependant l'avoir insinué au tabellion de St Jean de Maurienne, au feuillet 409 du livre de l'année courante, payé le droit, à forme du receu du sieur Gravier, secrétaire insinuateur, mis en marge de ma minutte, en datte du 25 du courant, signé au bas : Gravier. Contenant, la présente expédition, trois pages; laquelle étant conforme à l'original, ay signé Buttard sur l'original Mansord quoique d'autre main soit escrit.

Signé de Courtilles, présent
La Branche, présent
Goussel. »

Le 25 juillet de la même année, Mme de Warens, approuvait le contrat du 7 par l'acte ci-dessous, qui, faisant suite au précédent, ne porte aucune signature :

« L'an mille sept cent quarente huit et le

vingt-cinq du mois de juillet, à St Jean de Maurienne, je soussigné dame Françoise Louise Eléonore de Warens de La Tour, en suite de l'acquisition que j'ay fait, conjointement avec noble Guillaume Sautier de La Balme, seigneur de La Fournache, du seigneur marquis de La Roche, par acte du vingt quatre octobre dernier, Descour notaire, et de la rattification faite d'iceluy par acte du dixième novembre dernier, Durando notaire, des fabriques amplement désignés dans lesdits contracts, et informé que je suis aussy de l'acte portant association qu'at passe ledit noble Guillaume de La Balme à noble François Mansor, officier dans le régiment dragon de France au service d'Espagne, par acte du septième du courant, receu par Mre Buttard, notaire, duquel j'en ai fait la lecture de mot à mot ; et l'ayant trouvé conforme à mes intentions, ay iceluy avoué, confirmé et approuvé suivant sa forme et teneur ; et par même moyen ay admis, ainsi que par les présentes j'admets et associe pour ladite fabrique, noble François fils de feu noble hyacinthe Mansor, officier dans le régiment dragon de France au service d'Espagne, natif de la ville de Grenoble, résidant présentement en cette ville, présent et acceptant; et c'est pour jouir d'une des vingt portions desdites fabriques, conformémont au contract de société passé entre ledit noble de La Balme, moy soussigné et spectable Boittier Avrillon, avocat au sénat, habitant à Annessy, en datte du dixième juin dernier, receu par Mre Lyonnaz notaire; et c'est sous les mêmes termes, conditions, promesses, réserves et abstrictions et autres, portés par ledit contract signé Lyonnaz, auquel on se raporte pour le tout, à cet effet, promettant aussy de faire avouer par les autres associés, tout le contenu porté dans les actes cydevant désignés; et ay fait moyenant que ledit Mansor satisfasse aux engagements qu'il a pris dans l'acte receu par Me Buttard, qui est de payer la somme de trois mille livres, dans le terme y désigné, ce que je noble François Mansor ay promis effectuer. —

Et de tout cy-dessus, nous soussignés sommes demeurés d'accord et avons promis d'observer le contenu au présent, chacun en ce qui nous concerne, à peine respective de tous dépends, dômages et intérêts, sous l'obligation de nos biens présents et avenirs avec la clause de constitut. Bien entendu qu'il sera facultatif à l'un de nous de faire insinuer les présentes au bureau du tabellion de St Jean de Maurienne, quand bon luy semblera, pour plus grande validités d'icelle, souhaittant, à ces fins que les présentes ayent autant de force que si s'etoit un contract receu par notaire. — Et avons signé à double, à St Jean de Maurienne. » —

Enfin, françois Mansord ayant passé un contrat de mis en lieu et place avec Saultier de La Balme, le 4 novembre 1748, pour l'acquisition des fabriques du marquis de La Roche, vendait, le 3 février 1750, l'action qu'il avait acquise :

« Je soussigné, en présence des témoins cybas nommés, déclare que les deux coppies cydevant énoncées au présent sont conformes aux originaux qui sont restés entre mes mains, à Mme la baronne de Warens de La Tour qu'en suite du contract de mis en lieu et place que j'ay passé avec M^r^ de La Balme de La Fournache, du quatre novembre mille sept cent quarente huict pour l'acquisition des fabriques du seigneur marquis de La Roche, j'ai consenti en faveur de la Compagnie, à la vente d'une action que j'avois acquis antérieurement audit de mis en lieu et place, dudit Monsieur de La Balme de La Fournache, par contract du septième juillet mille sept cent quarente huict, receu par Me Buttard notaire, ensuite rattifié par ladite baronne de Warens de La Tour, par conventions de main privée, le vingt-cinq juillet de la même année Ayant été remboursé du prix d'icelle par celuy en faveur de qui nous avons disposé de ladicte action réglé au vintieme, avec promesse que je fais de ne jamais me prévaloir contre ladite dame ny contre la Compagnie, du contenu au susdit contract d'acquis du sept juillet mille sept cent quarente huict et de la sus-ditte ratification du vingt cinq juillet de la même année ; me réservant néanmoins contre ledit Monsieur de La Balme tous les droits, dépends, dommages, intérêts, en cas d'inobservance par ledit Monsieur de La Balme, au contrat de mis en lieu et place que j'ay passé avec luy pour sa portion de l'acquisition des fabriques, privilèges y énoncés plus amplement, du quatre novembre mille sept cent quarente huict.

En foy de quoy j'ai signé le présent, à Chambéry, le troisième février mille sept cent cinquante.

signé : Mansord, quoique d'autre main
soit escrit.
de Courtilles, présent.
La Branche, présent.
Goussel, présent. »

Mais Boittier Avrillon, n'ayant pas effectué le versement obligatoire du montant de sa part d'actionnaire, donnait, le 10 mars 1749, à Annecy, procuration pour consentir, en son nom, à sa radiation de de la société :

« L'an mil sept cent quarante neuf et le dix du mois de mars, à ... heures après midy, dans l'étude de Je notaire collègié, soussigné, située au palais de l'Isle de la présente ville d'Annessy, s'est, pardevant moi dit notaire, et en présence des témoins ci-après nommés, en personne établi et constitué spectable Estienne Boittier Avrillion, fils de feu sieur honoré Boittier, bourgeois natif de la ville de Turin, habitant en ladite présente ville, avocat au sénat, lequel, de son gré, fait et constitue pour son procureur Me Girerd, l'un des sieurs conseillers, bourgeois et habitant de la ville de Chambéry, procureur au sénat de Savoye, absent, moi dit notaire, pour lui stipulant, acceptant et recevant; et c'est pour et au nom dudit spectable Boittier Avrillion, constituant, se présenter et comparoir au bureau du consulat de Savoye, en exécution de l'assignation précipitée, portée par exploit de cejourdhuy, signé Eminet, ensuite de la requête présentée à M. le Juge du Consulat le cinq du courant, par dame Françoise-Louise-

Eléonore de Warens de La Tour, habitante à Chambéry, et le sieur François Mansord, habitant à Grenoble, en sa prétendue qualité de droit aïant de noble Jean Guillaume Sauttier de La Balme, seigneur de La Fornache, demandeurs, aux fins que ledit sieur constituant aie à compter la somme de trois mille livres, à forme du contrat passé entre ladite dame de Warens, ledit seigneur de La Fornache et ledit sieur constituant, le dix juin dernier, acte reçu par je dit notaire, ou de se départir de la société par lui contractée par icelui; et attendu que ledit département parait faire plus plaisir aux dite dame de Warens et Mansord, pour associer au lieu et place d'icelui, tout autre, et pour les contenter, ledit sieur constituant donne pouvoir audit Me Girerd et à ses substitués, de déclarer, au nom d'icelui, ainsi qu'il fait par le présent en jugement, qu'il se départ de toute société par lui contractée par ledit acte du dix juin dernier, purement et simplement; consentant qu'ils associent, au nom et place d'icelui, qui bon leur semblera, et au besoin, de requérir acte de cette déclaration, en donnant encore pouvoir audit Me Girerd de constituer et substituer autres procureurs que bon lui semblera, en sa place; élisant, à ces fins, domicile en la personne d'icelui et en celle de ses substitués, à forme du stile, et en approuvant, ledit sieur constituant, dès ores comme pour lors, tout ce qui sera fait à ce sujet par son dit procureur constitué et par les substitués d'icelui, tous lesquels il promet relever de toutes charges, à peine de tous dams. —

Fait et prononcé audit lieu d'Annessy, en présence des honorables Michel héritier, de la paroisse de Villy le Pelloux, et de Claude Pécour, de celle de St Martin, témoins requis qui n'ont seu signer, de ce enquis, aïant, ledit sieur constituant, après signé.

signé : Boittier Avrillon, constituant

Et moi dit notaire collégié, soussigné, de ce recevoir requis, ai le présent expédié originellement audit sieur Boittier Avrillion, constituant, contenant la page d'autre part, et ce que dessus en la présente. —

signé : Lyonnaz, notaire.
Registré signé : Rivoire, notaire
Droit L. 8^s »

Cet acte répondait à la requête adressée au Juge du Consulat de Chambéry, le 5 mars de la même année, par Mme de Warens, requête dont la teneur, ci-dessous, est suivie d'une ordonnance du magistrat qui prononce, conformément à la demande de Sautier de La Balme et de son associée, la radiation de l'avocat Boittier Avrillon de la Compagnie créée pour exploiter les mines de la haute-Maurienne.

« A Monsieur le Juge
du Consulat de Savoie

Supplie humblement dame Françoise-Louise Eléonore de Warens de La Tour, habitante de cette ville, et noble François Mansord, habitant à Grenoble, droit ayant de noble Jean Guillaume Sautier de La Balme, seigneur de La Fournache ;

Disant que par contrat du 10 juin de l'année dernière, reçu et signé par Me Lionnaz, notaire, la dame consuppliante et ledit seigneur de La Fournache, acquéreurs des minières appartenantes au seigneur marquis de La Roche, en Maurienne, auroient projetté d'établir une Compagnie, et de diviser en vingt portions le produit des fabriques qui seroient établies au sujet desdites minières, dont dix desdites portions resteroient pour le compte de ladite dame et dudit seigneur de La Fournache, et que les autres dix portions seroient païées dans le courant dudit mois, sur le pied de L. 3000 chacune, comme est plus amplement détaillé par ledit contrat. Ils auroient associé, pour une portion, spectable Etienne Boitier Avrillon, avocat au sénat, qui en conséquence auroit promis païer L. 3000, savoir, dans 15 jours, L. 1500, et le surplus dans le courant dudit mois, entre les mains de la personne qui seroit commise et députée par ladite dame et ledit seigneur. —

La Dame consuppliante a écrit plusieurs

fois audit sieur avocat Avrillon, pour l'inviter de satisfaire à sa promesse, mais l'on voit entre autres par sa lettre du 18 octobre dernier, qu'il n'étoit point en état de trouver ladite somme, ni de pouvoir parconséquent espérer quelque droit dans ladite société; mais pour eviter toute difficulté à l'avenir, les suppliants se voient obligés de recourir :

A ce qu'il vous plaise, Monsieur, Eu égard qu'il s'agit d'une société établie en fait de commerce de minières, la fabrication et vente de marchandises en dépendantes, tant en fer qu'autres métaux, Ordonner que ledit spectable Étienne Boitier Avrillon, avocat au sénat, habitant en la ville d'Annecy, comparoitra avec les suppliants, pardevant vous, au jour et heure qu'il vous plaira préfiger, pour venir déclarer s'il veut compter ladite somme de L. 3000, entre les mains du sieur Sébastien Grassy, insinuateur, de St Michel en Maurienne, caissier de la Compagnie, à quoi on veut bien encore l'admettre, moïennant que ladite somme soit comptée dans le terme de cinq jours; passés lesquels et à défaut de ce, la sudite association, pour regard dudit sieur Boitier, sera, sans autre et dès à présent comme pour lors déclarée résolue, et les suppliants, libres d'associer qui bon leur semblera, pour ladite portion, si mieux ce premier n'aime déclarer sans autre qu'il se départ de ladite société; aux protestes de tous dépens, dommages et intérêts. Et sur ce, plaise pourvoir.

signé Demots, conseil.

T. — 2[l]

Comparoitront les parties, au bureau du Consulat, le 13me du courant, à 10 heures du mattin, pour estre ouïes et règlées sommairement.

Fait à Chambéry, le 5 mars 1749.

Signé de Vidonne

L'an mil sept cent quarante neuf, et le dix du mois de mars, je sergent royal soussigné certifie qu'en exécution du décret cy-dessus, escrit, et à requeste de la dame et noble impétrants d'icelluy, j'ay citté spectable Estienne Boittier Avrillon, avocat au sénat, habitant de la ville d'Annecy, pour comparoitre à Chambéry, au bureau du Consulat, le treize du courant, à dix heures du matin, pardevant qui est porté par ledit décret, pour les fins d'icelluy ; duquel, requeste et de mon présent exploit, je luy ay donné copie, parlant à sa personne trouvée dans son domicile dudit Annecy. Présents, Jacques Chappet et Bernard Escoffier . . . — Reçu cinq sols.— signé : Eminet

Extrait des registres du Consulat de Savoye

Entre dame Françoise Louise-Eléonore de Warens de La Tour, habittant en cette ville, et noble François Mansord, habittant à Grenoble, droit aiant de noble Guillaume Sautier de La Balme, seigneur de La Fornache, demendeur ;

Et spectable Etienne Boittier Avrillon, avocat au sénat, habittant de la ville d'Annecy, deffendeur.

Pardevant nous, juge du consulat, at comparu ledit noble François Mansord, tant à son nom qu'à celluy de ladite dame de Warens de La Tour, son associée, lequel a produit leur requeste du cinquième du courant, plus le contract du dixième juin de l'année dernière, reçu et signé Lionnaz notaire, et les actes y énoncés et employés, et at conclud comme par sadite requeste.

Et d'autre part at comparu Me Gired, procureur au sénat, fondé de procuration à luy passée par ledit Boittier, le dix du courant, Lionnaz notaire ; lequel en ladite qualité et ensuite du pouvoir porté par ladite procuration, at déclaré et déclare que ledit sieur Boittier se départ purement et simplement de toute société par luy contractée avec dame Françoise Louise Eléonore de Warens de La Tour et noble Jean-Guillaume, fils de feu noble Antoine Balthazard Sautier de La Balme, seigneur de La Fornache, par ledit acte du dix juin année dernière, et quasi contracté avec noble François Mansord, l'un des demendeurs, mis en lieu et place dudit noble de La Balme, par contract du quattrième novembre de l'année dernière, reçu et signé Buttard, notaire de St Jean de Maurienne; lequel acte at etté produit par ledit noble Mansord; ledit Mre Girerd, en sadite qualité et en vertu du pouvoir à luy donné, par la procuration par luy cy devant produite, déclarant en outre, qu'il consent que ladite dame baronne de Warens et noble Mansord associent qui bon leur semblerat au nom et place dudit Boittier Avrillon, et moïennant lesquels département et consentement susdit, ledit Mre Girerd prétend que ledit Boittier Avrillon n'est tenu à aucun frais et dépens, et sauf aux demendeurs de se prévalloir desdites offres et déclarations, en consentant que ladite procuration soit enregistrée par le secrétaire du consulat et qu'ils en tirent une expédition.

Et ce que dessus, par nous Juge susdit, vu, lu, entendu et diligemment examiné et considéré; ledit noble Mansord, tant à son nom que de ladite dame son associée, aïant accepté la déclaration de partement et consentement, faite par ledit Mre Girerd en sadite qualité ; aïant requis de plus luy être remise ladite procuration en original, et qu'il leur fut permis de la faire insinuer, pour plus de validité d'icelle, il nous at paru qu'il estoit fondé en ladite réquisition ; et par ce et suivant les plus amples réquisitions dudit noble Mansord :

Nous avons dit et déclaré que le susdit contract du dixième juin de l'année dernière, reçu et signé Liannez notaire, est résolu, et les demendeurs libres d'associer qui bon leur semblerat, pour la portion dudit Boitier ; et de plus avons dit et ordonné que la susdite procuration du dixième du courant, Lionnaz notaire, serat enregistrée par le greffier du consulat, et ensuite telle qu'elle est originellement expédiée, remise auxdits nobles demendeurs qui pourront, si bon leur semble, la faire insinuer dans le bureau même de la présente ville de Chambéry.

Fait à Chambéry, au consulat, ce treize mars mil sept cent quarante neuf, signé sur le registre, par le seigneur baron de Vidonne, juge, qui at mis : Droits, gratis.

Collationné — Registre et labeur, 1 l 5s — signé : Rivoire, notaire »

Pour créer des ressources à la Compagnie, Mme de Warens n'était pas femme à négliger le concours de ses amis. Elle en avait un, dont Rousseau parle au livre V de ses Confessions ; Jean Jacques l'avait connu dans un de ses voyages, à Lyon, au cours de l'idylle des Charmettes. Au livre VII, il l'appelle le noble et généreux Perrichon ; ce brave homme avait défrayé Rousseau de sa place à la diligence, en 1741, quand le citoyen de Genève quitta Lyon pour se rendre à Paris. A la date du 4 novembre 1749, le dossier des Archives départementales de la Savoie, — dont sont extraits tous les documents tirés de ce chapitre, — contient le brouillon d'une bien curieuse lettre, qui paraît être de l'écriture de Mme de Warens, adressée à M. Perrichon. Elle lui annonce que M. de Courtilles va se rendre auprès de lui, avec le maître fondeur, pour lui soumettre l'état présent des choses ainsi que des échantillons du minerai qu'ils ont pu extraire. Elle lui demande la continuation de sa protection et lui signale le vide de la caisse de la Compagnie :

Monsieur et très honoré Protecteur

Jay engagé Mr Moiroux de passer par Lyon avant de ce rendre à la Cotte St André, afin qu'il ne fit aucune démarche que suivant les déterminations que vous aurez la bontés de luy doner. Je lay prié de vous rendre un comte véridique de ce qu'il a veu de nos afaire. — M. de Courtilles auras aucy lavantage avec notre Maitre fondeur de vous rendre compte de l'état présent des choses. Vous vairez les épreuve de nos filons, c'est à dire de ceux qu'il ont eu le tens de vérifier cette campagnes. La vivassités des bise et du gevry glassé qu'il y a déjà dens nos montagne en rend pour cest année les promenade impraticable. Je comte qu'il y en a sufizentment de quoi bien s'ocuper tout ces hiver et pour des ciecles entiers à ce qu'il ont veu et vérifié sur les lieux et dont ils ont fait les épreuve, pour qu'il ne reste aucune insertitude ayes la bonté Monsieur et bien cher Protecteur de continuer votre protection et vos bontés à une Compagnie qui ne peut plus rien sans vous mais qui étant soutenues comme elle devroit l'êtres, vous donneras toutes sorte de satisfactions ; jespaire que vous aurez la bonté de porter une atentions sérieuse à l'état présent de notre caisse qui étant entièrement dépourvue de fonds, ne cadre pas avec les matières avantageuse que nous avons en main.

Jay lhonneur d'être avec autent de dévouement que de parfaitte reconoissance et de profond respect

A M Perrichon ce 4eme 9bre 1749

Cependant Wintzenried ne paraît pas avoir réussi dans sa mission, car, à la date du 24 janvier 1750, le même dossier livre à l'histoire le brouillon d'une autre lettre attribuée à Mme de Warens, adressée à

Perrichon, par laquelle la baronne s'excuse de n'avoir pas encore pu lui fournir des preuves suffisantes de la solidité et de l'avantage de ses entreprises et notamment de sa fabrique de poterie en fer.

Monsieur et bien cher Protecteur

Jay resceu les deux chère votre par le même ordinaire. Cy ces Messieurs n'ont pas eu l'honeur de vous rendre comte en particulliers des informations prise à Grenoble, c'est pour ne pas vous fatiguer par des lètres y nutiles atendu que leur recherche jusques à présent ne sont pas sufisente ; pour n'avoir rien à nous reprocher jay encore chargé le sieur Labranche qui est retourné dans sa montagne de vérifier autant qu'il luy cera possible ce qui concerne la conduitte du sieur Matieu. Il m'a promit de m'en aviser par letres ou de revenir plustôt exprès ici même, à la fin de carnaval cy juge que la chose le demende, et après avoir conférez ensembles de ce que nous pourons savoir les uns et les autres jauray lhoneur de vous rendre comte de tout ce qui ce sera passé.

Il est surprenant que lon vous aie cy mal instruit au sujet de notre poterie. Il est vray que nous sommes obligé de faire venir de dehor une parties des matière dont nous servont jusqu'à ce que nous ayons fait nous même une première coulée mais bien loin que nous soyons en perte sur cest article jofre de démontrer quand on voudras que dans tous les tens y cera de notre avantage de continuer à joindre ces matières étrangères aux notre propres, pour pouvoir tirer un bénéfice plus solide sur les ouvrage, a tendu qu'étant par la de meilleur calités ils aurons aucy un débit plus sertin

Soié persuadé Monsieur et bien cher Protecteur que je suis sure de ce que javance et que vous ne me trouverez jamès dans aucune aucasions dire autre chose que la vérité atendu que je ne fait point de sistèmes en l'air et que je vait moi-même poseder ces dites matiere avant que dans parler à personne et de la metre en pratique et surement notre fonderie dicy et un objets solide et qu'il faud soutenir et conserver présieusements.

Le sieur Darbon net en vérités pas sufizenments instruits sur ces parties pour pouvoire en dessider. Y faud luy faire à ce sujets commes on fait aux orfellin qui son soub tutelle, avoir soint de sa part sans luy en dire davantage pour le présent Cy prend une demy actions, nous vous priont que se soit dens toute la générallités des afaires, ou rien du tout que la régie subalterne qu'on luy lesseras dens notre montagnes, sou les même apointements que cy devant ; seulement pour neuf année qui est le terme usités icy par les loix et qu'on peut renouveller de neuf en neuf année cy on est content du régisseur. Cy cela ne luy convient pas nous y supléeront par dautre qui ce présente qui couterons qui couterons peut être moins et qui ferons peut être encore mieu.

Voila Monsieur et bien cher Protecteur le vray des afaires. Vous en ferez tel usage que trouverez à propos. Je nay en tous cela rien plus à cœur que votre satisfactions. Vous savés à quel point de dévouement et de profond respect jay l'honeur d'être

M^r

Ce 24 jenvier 1750 — A M Perrichon

Puis, exactement à la même date, les Archives départementales de la Savoie possèdent un autre brouillon de lettre, attribué à Mme de Warens, trouvé chez un bouquiniste de Chambéry :

Mr Denervaux. — Ce 24 de 1750.

Nous avons Reseu bien conditione la veste de M^r monrond laserge blanche en soie pour Mr Goussels les dorures pour Mr Decourtilles et les balences et poix pour notre fondeur, nous atendons encore Lestoc et bigorne, et nous vous prions de tenir conte de la generalites de vos envoix afin que nous vous rembourssion le montent des premier fonds que tirerons de votre villes ce qui ne tardera pas come savez, aux reste nous vous prions de ne pas menquer de tenir main pour faire avancer le bocage provenent des fourneaux de Mad. Demollens, nous en sommes presse pour continuer notre travails qui vat fort bien grace a dieu, en atendens de vos chere nouvelles nous vous ofrons tous mille salut et remersiements et jay l'honeur d'etre comme je serey toute ma vie avec latachement le plus sinseire et la plus parfaitte considérations

Mr

Votre, etc.

Cependant Mme de Warens réussissait, cette même année, de former une société avec une demoiselle de Bellegarde des Marches, pour exploiter, dans la vallée d'Arache, une mine de houille très abondante, au-delà du village de Pernant, à l'extrémité d'un ravin très profond, formé par le nant de Planajoux.

Dans le même temps, comme l'indique le document ci-dessous, et malgré sa pénurie d'argent, la baronne envoyait un sieur Rouyer avec deux ouvriers faire l'ouverture des travaux, dans ses mines de Valmeinier en Maurienne.

« Ce sammedy 25 julliet, j'ay receu cinq cequin de notre roy, des mains de Madame la baronne de Warens de La Tour, pour aller en Maurienne avec deux ouvrier, pour faire l'établissement suivant mes convension, du filon de Verminier et Barbe Lounallie, de laquelle somme je rendray bon conte. — De plus jay receu une palliasse neuve et deux drap avec tous les outis pour faire le traval necessesaire dont je rendray compte du tout. — Fait à Chambéry, l'an et jour que dessus. —

signé Rouyer.

Ut supra

Laquelle somme cy dessus avec la valleur des houtils et meubles la dame a esté obligé d'emprunter pour fournir, à défaut des fonds de caisse que lon luy devoit remetre pour le soutien des traveaux.

Fait à Chambéry, ce 25 julliet 1750

signé : Rouyer. »

Le règlement et les ordres, donnés au conducteur des travaux d'exploitation, sont très curieux. Ce document ne porte pas de date, ni l'adresse du destinataire :

Instructions pour le Caporal mineur.

1° — Il donnera toutes les semaines la notte de la quantité de mineurs qu'il a dans la fosse où il est, du Maréchal des manœuvres ce qu'il gagné chacun en les désignants tous par leurs nom.

Il fera vuider la fosse toutes les semaines et donnera aussy par poid ou par mesures la quantité de mines qui sera tirée dans la semaine Et cette feuille sera certiffiée par luy et la remettra au commis nommé par la Compagnie pour la recevoir.

2° — Il donnera aussy avis des outils par la quantité et qualité dont il y aura besoin dans la fosse pour que ledit commis les luy fournisses Et remettra audit Commis les vieux qui seront hors de service et fera un chargé de tout ce qui luy sera remis à ces fins.

3° — Les mineurs doivent travailler dix heures par jour C'est à dire cinq le mattin et cinq l'après diné et aura soin que les tours de la nuit change pour que tous les mineurs soient content et qu'il n'y aye aucune préférance.

4° — A l'égard des payements tant du Caporal que des Mineurs on laissera toujours un mois en errière.

5° — Les mineurs doivent toujours se rendre au travail même les jours de fêtes et s'ils y manquent ils leurs sera retenu une livre au proffit de la Compagnie Et le Caporal donnera avis du tout par sa première feuille.

6° — S'ils y manque plusieurs fois de suitte on leur retiendra toujours en doublan.

7° — A l'égard de leurs payements de chaque mois il sera réglé suivant leurs capacités et savoir faire, et cela au bout d'un mois d'épreuve.

8° — Si quelque mineurs se trouve surpris à prendre et emporter de la mine dépendante de leur travail ils subiront tout de suitte la peine suivant la loy du Pays et les deffenses faites à ce sujet par les Ordonnances Royales, à quoy le Caporal veillera et donnera tous ses soins.

9° — Si quelques mineurs tombe malade par sa faute soit par débauche, la Compagnie n'y entrera pour rien. Au contraire si quelque mineur tombe malade en bien servant la Compagnie le Caporal en donnera avis pour que la Compagnie en aye soin et le deffrayera de sa maladie.

10° — Si un Mineur s'en alloit sans rien dire, le caporal en donnera tout de suitte avis pour que l'on luy retienne un moys de ses gages à cause du retardement qu'il cause aux traveaux ne pouvant quitter sans avertir un mois d'avance et le Caporal deux mois, et cela à peine au caporal de payer le mois luy-même.

11° — Le Caporal doit bien savoir la vocation d'un bon Mineur comme ètamper et surveiller aux dangers des traveaux, afin d'y remédier à temps, et doit s'occuper continuellement à la seureté et à l'avantage des traveaux qui luy sont confiés, ménager les chandelles ou huille, les charbons, les outils de toutes espèces dudit travail, en bon père de famille.

12° — S'il se trouve des Mineurs qui soit jureurs, carrillonneurs, mal embouché, pour les corriger le Caporal leur fera payer une amande de dix sols pour chaque fois qui sera répartie sur tous les autres, à la fin de la semaine.

13° — Quand à l'égard des manœuvres et décombreurs, il faut qu'ils travaillent toute la journée suivant ce qu'il seront convenu pour leur gage.

14° — Le Caporal exécutera tout ce que dessus et aura un double du contenu signé, et en signera un double qui restera entre les mains de la personne nommé, ou le commis qui résidera au Fourneau, et exécutera les ordres qu'il recevra de ses supérieurs qui résidera aux fabriques, et qui aura droit de Madame la baronne de Warens de la Tour, et Compagnie.

Dans le courant de la même année, la baronne veillait à son installation, au Reclus ; en effet, le dossier des Archives départementales de la Savoie possède, à la date du 7 août 1750, deux comptes, l'un d'un maréchal-ferrant, l'autre d'un maçon :

Payé au maréchal nommé Catelin quinze fert pour la ferrure des cheveaux de la fabrique à huit sols par fert.

Monte six livres.

A Chambéry ce 7 aoust 1750

bon pour 6[l]

Liste soit Mémoire de l'ouvrage que Me Jean Claude Tardy at fait à la maison de la fabrique du faubourg du Reclus, par ordre du sieur Gousset.

Premièrement une journée pour avoir picqué la voute au dessous de la forge.................. L 1. 5. 0

Plus cinq trous et pour les avoir plombés......... L 0. 15. 0

Plus seize toises de platrissage et blanchir en dehors de la maison, sur la

ROUSSEAU ADOLESCENT

PORTRAIT PRÉSUMÉ

Ayant toujours existé dans la maison de JEAN-FRANÇOIS FAVRE, avocat d'Annecy, décédé le 7 mai 1855

rue à tout fournis à cinquante sols la toise..............	L 40. 0. 0
Plus pour avoir bouché les troux des separation qui ont été faites au premier et au second apartement, cinq cornues de mortier et une demi journée.........	L 1. 12. 6
	L 43. 12. 6

Le compte cy dessus a été réduit à trente six livres dont jay reçu le montant, à Chambéry, ce 7 aout 1750

signé Jean Claude Tardy

bon p^{r} 36^{l}

Ces documents, outre les renseignements précieux qu'ils fournissent, prouvent que le bail du 22 octobre 1750 ne mentionne pas exactement la date d'entrée de Mme de Warens au Reclus. Elle y était avant le commencement d'octobre puisqu'elle payait, dès le 7 août, les réparations qu'elle avait fait faire à l'immeuble, avant cette date. Vers le même temps, la situation devenait un peu moins tendue et la baronne pouvait, de concert avec Mlle de Bellegarde des Marches et françois Mansord, faire la fondation de 300 livres à la chapelle de la Ste Vierge à Gruffy, suivant l'acte qui figure à la page 131 de ce volume. Mais la gêne, écartée peut-être pendant une quinzaine de mois, devait revenir, plus impérieuse que jamais. En effet, le dossier des Archives départementales de la Savoie contient, sans date, mais postérieure au mois de février 1752, une consultation d'avocat, pour Mme de Warens, au sujet du retard apporté par son bailleur de fonds, Perrichon, à remplir ses engagements. Voici ce document :

« Il faut représenter à Monsieur Perichon le besoin des fonds, les torts et préjudices qu'il causent par le retard à la dame baronne de Warens de La Tour, et les gros dédommagements qu'elle peut demander à ce sujet.

Demander à M. Perichon la procuration

pour vendre les dix actions en dehors au cas qu'il n'aye pas du content pour mètre en caise ; qu'à défaut de ce il ne trouvera pas mauvais la perte totale des sommes qu'il a employé cy devant.

Qu'il ne scauroit se plaindre du procédé de ladite dame baronne à cet égard puisqu'il est obligé par son contrat de fournir tout le nécessaire jusqu'à l'entier établissement et qu'il a renouvellé cette obligation par le nouveau règlement qu'il a fait faire en datte du 17 février 1752 ratifié à Lyon le 23 dit par lequel il s'engage de nouveau de payer toutes les dettes et de fournir tous les fonds nécessaires quant même il seroit vray que ladite dame devroit payer sa portion ce qui n'est pas, par les différentes promesses qu'il luy a fait, ce ne pouroit arriver qu'au cas que le sieur Perichon eut exécuté les articles cy dessus.

Réserver le logement dans la fabrique jusqu'à l'année prochaine au cas qu'on vende les droits de ladite dame au seigneur Perichon Demander le gâteau d'argent de trente marcs.

Demander la pension de trois louis par mois qu'on a pas payée depuis plus d'une année.

Pendant la période de tiraillements, que cette consultation révèle, la baronne s'était adressée à Rousseau, et le malheureux écrivain lui avait envoyé 240 livres, inclus dans sa lettre du 13 février 1753, où son cœur s'affligeait également de la petitesse de la somme et du besoin que sa chère maman en avait. Ce fut une goutte d'eau dans un fleuve, car, le 30 juin suivant, Mme de Warens, reconnaissant que la situation était intenable, donnait, par procuration, pouvoir au sieur Bérard, de Genève, de vendre au seigneur Perrichon, de Lyon, tous les droits qu'elle avait dans les fabriques achetées du marquis de la Roche, comte de Granery. Replat, qui analyse cette pièce dans sa *Note sur Mme de Warens*, ajoute : « Bérard était autorisé à traiter pour dix mille écus comptant, et un gâteau d'argent de trente marcs. Ce titre porte le sceau de famille de la baronne, les armes *d'azur à la Tour d'or, accompagnée de trois étoiles à cinq rais du même*. C'était là le grand cachet, celui des affaires sérieuses. »

Le texte du document, qui paraît être le point de départ de la première entreprise de mines de Mme de Warens, se trouve dans la remarquable étude de Théophile Dufour, *Jean-Jacques Rousseau et Mme de Warens ; notes sur leur séjour à Annecy d'après des pièces inédites*. L'acte notarié, qu'il cite, est extrait, aux Archives départementales de la Haute-Savoie, du registre intitulé : Visite des Archives du tabellion pour reconnaître les laods en 1777 :

« 1747 24 oct^bre Decoux notaire Me Pierre François Millieret en qualité de Procureur de Messire Charles Gaspard Bernard de Graneri Marquis de la Roche vend, cedde et transporte a Dame Francoise Louise Eléonore fille de feu Noble Jean Baptiste de la Tour native du païs de Vaud, épouse de Messire Jean Sébastien de Louis seigneur de Warens habitante à Chambéry, et à Noble Jean Guillaume fils de feu Noble Balthazard Sautier de la Balme Seigneur de la Fournache Chambellan et Capitaine au service de S. A. E. de Bavière natif de la Roche habitant à St Jean de Maurienne pour eux et leurs amis à élire en tout ou en partie, scavoir les fabriques, martinets batiments et biens quelsconques que le dit Marquis de la Roche possède dans les parroisses de St André, Fournaux Frenai et Orelle en Maurienne inscrits sous les nos 2115, 2117 de la mappe de St André ; 284, 285, 286, 287, 288,289,1006, 1007, 1008, de celle de Fournaux ; 433, 434, 528, 529, 1234, 1235, 1236, 1237, 1238, 1239, 1240, 1241, 1242, 1243, 1244, 1245, 1246, 1247 de celle de Frenai et sous les nos 1058, 1059 et 1060 de la mappe d'Orelle avec tout le bénéfice qu'il peut mesurer des pattentes concédées à feu Messire Gaspard de Graneri son bisayeul par la princesse Cristine Duchesse de Savoye en qualité de mère et tutrice du Duc Charles-Emmanuel en datte des douze Décembre 1646 et 18 7bre

1647 enregistrées par arrêt de la Chambre du 21 9bre même année avec tous les meubles appartenants aud^t vendeur qui existent dans les dittes fabriques et batiments.

Prix .... L. 25,000. 0. 0

N^a l'inventaire des éffets et meubles est ténorisé au bas du contract. »

Cette pièce est la clef de voûte de ce chapitre et livre à l'histoire la base des entreprises et des combinaisons de Mme de Warens. Tout n'était pas chimères dans les desseins de la baronne ; la preuve en demeure au tome III du *Dictionnaire* de Grillet, page 58 : « Toutes les mines des environs de Modane commencèrent à être exploitées en grand par Gaspard Granéry. comte de Mercenasque, surintendant général des finances de Savoie, ensuite de la concession que lui en fit, en 1647, Madame Royale Christine de France, duchesse régente de Savoie. Une compagnie de Lyonnais y occupa 100 individus depuis 1748. L'an 1792, M. Pellissier fut contraint, par le discrédit total des assignats, d'abandonner l'entreprise ; l'atelier des Fourneaux a été depuis lors converti en usine à fer. Suivant M. de Robilant, les mines de Modane donnaient annuellement un bénéfice net de 30.000 liv. de Piémont. »

Ces lignes étaient publiées en 1807.

La même année 1753 surgissent des difficultés entre la baronne et un sieur Roche, son secrétaire, au sujet d'un règlement de compte, ainsi que cela ressort d'une lettre adressée à Mme de Warens par un sieur Perrin de Lyon. Le ton de la missive est aigre ; le document, par lui-même, abonde en révélations :

A Madame Madame la baronne de Warens de La Tour, à la fabrique roya'e de Chambéry

A Chambéry

Lyon ce 21 aoust 1753

Madame

L'indisposition de Monsieur Roche me procure l'honneur de répondre aux deux lettres que vous avés addressé à Monsieur le chevalier Perichon, le 10 du courant, qui me les a fait parvenir le 20 dudit.

Le langage qu'on tient au sieur Roche est bien différent de celuy, quand vous le persuadates et invitates à prendre malgré luy cette action et.... changement de dessein d'un jour à l'autre. Vous voudrez bien vous rappeller de ce que vous luy dites pour lors, que c'étoit pour faire avancer les deniers de M. Perichon, que cet acte fut poussé à la somme de vingt mille livres mais que le sieur Roche en comptant la moitié vous le gratifierés de l'autre, vous vous soutintes même que chaque action iroit à la somme sus énoncée, vous nous l'aves marqué, depuis que nous sommes icy avec plusieurs autres particularités sur le compte de ces Messieurs de la Compagnie, et ayant voulu soutenir icy vos intérests nous nous sommes fait d'ennemis dont nous avons des mieux ressenti les flots moi en mon particulier qui comme vous scaves n'y avois aucun avantage, m'en étant trop tard apperceu. Les promesses et paroles ne coutent rien mais l'exécution en est des plus difficille, voila ce qu'on a pratiqué dans toute cette négociation. Le sieur Roche Madame comme votre secrétaire a suivi vos ordres, donné, couché sur son état et livre en conformité de vos commandemens ce que vous luy aves dicté, Le sieur de Courtilles et vous aves signé ses comptes, et aujourdhuy faut-il qu'il soit la victime des différens que vous aves les uns avec les autres, ce qui ne paroitroit pas juste et n'a aucune part aux demandes qu'on luy forme qui seules vous concernent suivant ce qu'il m'a rapporté on n'aura pas manqué d'avoir ouvert son coffre, où étaient les titres justificatifs de sa conduite. Vous avez dû connoître Madame sa fidélité et son zèle, je ne crois pas qu'on put l'accuser d'avoir diverti la moindre chose ny même s'être oublié d'avoir mis quelque article, tant en achapt que recette au de.... de la Compagnie, Il en a été au contraire pour 20 louis qu'il a touché de chez luy outre son petit appointement que vous luy assurates quelques jours avant notre départ qu'il luy seroit payé jusques au 1er de 1753, ce qu'on refuse aujourdhuy et il luy seroit encore deub, le montant du billet au sieur Mayen acquitté, la somme de 163[l], il s'en rapporte à votre équité. Lon a écrit que les mines donnoient des mieux, par larangement qu'on a pris, qui se soutient par Messieurs les directeurs, vous nous dites avant notre part, que chaque action rapporteroit en bénéfice annuel 4000 [l]. Celles du sieur Roche sont en dedans, ne souffrent frais, ny dépense, à forme de son contract, il fera ses réflexions à présent sur sa détermination. Voilà quels sont ses sentiments dont je ne suis pas le maitre.

Souffrez que je me dise avec un profond respect,

Madame,

Votre très humble et très obeissant serviteur

signé Perrin

De Courtilles,mêlé à toutes ces affaires, se démenait de son côté, témoin la copie, ci-dessous, d'une lettre qu'il écrivait à Bérard de Genève, au courant de novembre 1753 :

Monsieur

Le 2 dernier je party de Chambéry pour me rendre icy le jour de la Toussaint je fit enterré le nommé henry Akem (?) que j'avois amené avec son frère, tous deux bons ouvriers sacson. Il mourut en chemin à demy lieux d'icy Ce qu'il me donnat beaucoup de peine La justicy sy transportat parce que c'étoit sur le grand (chemin?) où il moureut.

Le vendredy et sammedy je fit faire les houtils necessaires pour commencer les travaux à Salin, M. Valin inspecteur des mines du Roy, qui vous salue, s'y transporta avec moy et fut contant des dispositions que j'y avoit donné pour le travail, de même que du filon mais j'auray plus de cent voiture de graviers à sorty que la rivière y a mis il y a environd 50 année

Cependant l'ouvrage se fait Je vois régulièrement deux fois le jour nos ouvriers Demin je partiray pour Montagny avec M. Valin pour voir l'ouvrage et les fausses des païsants qu'il fournissent au saline et prendre les arrangement nécessaires pour y étably une fausses dans les régles Je vous diray Monsieur que les deux cent livres que vous m'avez envoyer par votre lettre sur Mr Gravier, ne peuvent pas me mener à la fin de la semene. Outre tous les houtil il faut marmitte et drap et convertes pour coucher les ouvriers. Cela est déjà fait Autant cela il faudra pencer à aller voir celle de Conflans et les mettre en travail J'y seray déja aller avec Mr Valin mais nous attendont Mr l'intendant et je vous prie de ne pas oublier par premier courrier de me faire toucher des fonds ou ordonné à Mr Gravier dans fournir pour les traveaux sur nos reccus dont je feray constenir (sic) de l'employ

Voilà tout ce quy jay à vous marquer d'icy quand à présent. Le sieur Vidal doit vous avoir écrit l'état des choses à mon dépard et il faudra penser à faire partir le charbon de Nauvalaise pour Lyon.

Je vous prie de communiquer la présente à M de La Courbière et luy offrir mes respect et même que chez vous.

Jay lhonneur d'estre

Et, probablement stimulé par Wintzenried, Bérard, à la date du 9 novembre, écrivait la lettre, dont copie ci-dessous, à M. Vallin, inspecteur des Mines du Roi, au sujet de divers travaux que la Compagnie, créée par Mme de Warens, faisait exécuter dans des mines de la Tarentaise et du Faucigny :

Monsieur

Je garde comm'une faveur des plus distinguée pour moy, la commission dont il vous a plut m'honnorer pour faire monter le nœud avec la croix en topaze que j'ay receue dans leurs tems, permettés que je vous observe, Monsieur, que je languissois beaucoup de ne pouvoir vous l'expédier plus tost, comme d'ordinaire les abilles ouvriers ou du plus au moins des deffauts Le nôtre a celuy d'être extrèmement long — Que je m'estimeray heureux si ce petit ouvrage peut se trouver de votre gout, pour me pouvoir flatter d'être honnoré de vos ordres pour tout ce que vous me jugeres bon dans la suitte.

Nous avons adressé la bouette (sic) sous le nom de notre Société Père Berrard et fils à Mr Vidal à Chambéry, privé de sçavoir où vous êtes, de même que la présente dans laquelle vous trouveres deux pierres restantes.

Je manquerois essentiellement à mon devoir si je ne vous faisois part de notre filon d'Araches où nous faisons actuellement travailler. Quoique dispendieux il est fort abondant et d'une qualité toute particulière. Il se met tout en petit morceau pour ainsy dire en poussière. Il brûle et chauffe extrèmement, peut d'audeur. Divers maréchaux du Faussigny s'en servent par préférance à celuy de bois Il est vray que ce dernier est rare et il le deviendra bien davantage sans cela.

Mr de Courtille est à Moutier pour faire travailler à un filon qui ne peut être qu'avantageux aux salines. Notre capitaine mineur seroit party il y a longtems pour Conflant sans une indisposition. Il est guérit depuis peu, il partira dans peu.

N'ayant rien tant à cœur que de pouvoir prouver à Sa Majesté notre respectueuse reconnoissance par notre unique occupation pour tout ce qui regarde son service. L'honneur de votre protection et la distinguée intégrité de la Cour nous fait espérer que la correspondance séditieuse cessera. Vous seul avés arettés toutes les allarmes quy auroyent pu s'enraciner dans notre Compagnie. Je vous le réitère votre généreuse façon de pencer nous fera toujours travailler avec vigueur. Toutes nos expressions ne sont rien à la respectueuse reconnoissance avec laquelle j'ay l'honneur d'être, sans réserve,

Monsieur, Votre etc.

A cette époque, la baronne était probablement très en froid avec Jean-Jacques, car elle lui fit écrire, le 15 novembre, par l'archiprêtre de Gruffy, leur ami commun, alors en visite chez elle, à Chambéry, la lettre suivante qui expose tous les tracas d'affaires et le mauvais état de santé de la pauvre femme.

Monsieur et cher neveu

Je viens d'apprandre par le retour d'un homme du voysinage de Gruffy, et de ma confiance qui a eu l'honneur de vous voir de ma part, que vous vous porties assez bien graces adieu, je m'en rejouis volontier par l'interest que je prens a tout ce qui vous regarde, il s'étoit chargé de mapporter, et me remetre Les ouvrages que vous avies confiés a M^{r} jaques Orssat mon paroissien pour me les faire parvenir, mais par oubly il les a laissé entre les mains de son frère suisse de la grande Poste, a qui il a envoyé de les faire venir par le courrier jusquà Lyon ou ils seront remis a un homme qui me les apportera vers la noël ainsy je suis obligé de suspendre ma curiosité et mon empressement jusqu'a ce tems.

Je viens d'arriver a Chambery pour y rendre une visite a mad[e] La Baronne ma tres chere sœur que j'ay trouvée dans de grands embaras pour soutenir son bon droit et ses pretentions de même que le fruit de ses traveaux contre une compag[e] qu'elle a formée elle meme et qui voudroit absolument la detruire, elle s'est appercüe qu'on vous avoit informé qu'il ne tenoit qu'a elle de se tranquiliser, je puis vous assurer en toute vérité qu'il s'en faut de beaucoup que sa situation soit telle puisqu'on n'oublie rien de toute part pour detourner toutes les voies et moients qui pouroyent luy rester pour vivre selon son état et sa condition, elle espère pourtant qu'avec L'aide de Dieu, le Sénat rendra justice a son bon droit mais en attendant elle n'est pas moins à plaindre de se voir actuellement sans secours avec une santé traversée de tant de chagrins qu'il Luy sera bien difficile de ne pas sucomber si ses affaires ne prennent un meillieur train Ses adversaires pour se justifier de leur mauvaise conduite à son égard ont prevenus toute la ville, et je ne dirois rien de trop si je disois la province pour faire tomber le tort sur elle, et L'abus qu'ils ont fait de son bon cœur et de sa sincère franchise à leur egards dans leurs respectives negotiations les a conduit a des procedures ou il faudra que sa droiture d'un coté et la mauvaise foi de l'autre se découvre infailliblement.

Nous nous flattons donc mon très cher neveu que cet abregé detail de la situation presente de ses affaires vous engagera toujours plus malgrez ce qu'on pouroit vous dire dailleurs contre la verité de continuer aluy donner des nouvelles marques du parfait attachement que vous luy avés toujours temoignés et si vous pouviés voir par vous meme sa triste situation vous reconnoitriés aisement qu'il n'y a ny exagération ny du faux dans ce petit récit.

Comme je ne puis que me Loüer de toutes les marques d'amitics que vous m'avés toujours témoignés depuis le 1ier jour de notre connoissance surtout par la communication que vous me faites de vos beaux ouvrages qui vous font honneur dans tout les pays, et dont je vous reitere mes remerciments et ma parfaitte reconnoissance, L'un et Lautre augmenteront toujours de ma part envers un cher neveu dont je connais parfaittement celle que vous conservés pour votre chère maman qui compte toujours sur votre bon cœur à son égard, et que vous voudrés bien ne la pas oublier dans les circonstances facheuses ou elle se trouve actuellement.

Je vous prie d'etre persuadé du parfait attachement avec lequel j'ay l'honneur d'être

Cependant Mme de Warens s'occupait activement de ses mines. La Revue britannique de juin 1856, huitième série, 1re année, traduisant le IIIe chapitre, entièrement consacré à la baronne, du premier volume d'un ouvrage sur le royaume de Sardaigne, par Bayle St John, signale, sans en donner le texte, un billet que Mme de Warens adressait, le 5 Janvier 1754, à l'un de ses correspondants, peut-être au sieur Bérard de Genève. Ce document est reproduit, mais en anglais, dans ce très remarquable ouvrage de Bayle St John, aujourd'hui épuisé, dont voici le titre exact : The subalpine Kingdom ; or, Experiences and studies in Savoy, Piedmont and Genoa ; Londres, Chapman and Hall, 1856, deux volumes. Voici la substance de ce billet, traduit sur le texte anglais :

Monsieur,

Je vous prie de transmettre à M. l'Intendant Général l'assurance de mon profond respect, en lui présentant l'état ci-joint, concernant nos charbons, avec la boîte qui contient les échantillons, que j'ai l'honneur de lui soumettre avant de les envoyer à Turin, où je vous prie de les faire parvenir, aussitôt que possible, à leur adresse, M. Rica, Intendant Général d'Artillerie à

Turin, et vous obligerez celle, qui, toute sa vie, avec la plus parfaite gratitude, vous souhaitant en même temps une heureuse nouvelle année, aura l'honneur d'être,

Avec la considération la plus distinguée,

Monsieur,

Votre très humble
et très obéissante Servante,

La Baronne de Warens de la Tour.

A la même époque, Wintzenried était à Montagny et Moutiers, mais ne s'occupait pas exclusivement des affaires de Mme de Warens. L'heureux coquin était entreprenant en amour ; il compromettait une demoiselle Chapperon et osait écrire à la baronne la lettre suivante, dont l'original est aux Archives départementales de la Savoie :

Madame

Vos bontés ordinaire pour moi se manifaittes toujours je tacheray Madame d'en meriter la continuations, voicy donc listoire en entier de mademoiselle Chapperon et de moy Dimanche de l'année derniere entre onze et minuit M^de Chapperon surpris sa fille avec moy et les deux serventes auspres du feu elle fit retirer sa fille et ne medit rien que le lendemin en ruë ou Elle medit que j'avois désonoré sa maison et sa fille en y allent lanuit voicy ce que je luy repondit que je netoit pas capable de desonhoré personne mais comme elle sçavoit ce quil se passoit entre sa fille et moy que sy elle souhaitoit sexpliquer avec moi elle savoit ou je logeoit ou bien jiroit ché elle, Elle ne me repondit rien et des quelle fut ches elle elle fit ce quelle avoit fait lanuit elle batit sa fille et lui fit avouër devant plusieurs temoins cy létoit vrai quelle fut grosse de moy comme les servante lavoit dit elle repondit quelle croyoit lêtre et que sy elle ne létoit pas ce nétoit pas sa faute ny la miène les mêmes personnes mon demandé sy l'avoeu que mad^lle Chapperon avoit fait etoit vray ou nom il est vrai que j'ay repondu que puisque elle lavoit avoué asamere et aplusieurs autres que cela étoit et que jétoit trop honnette home pour men dedire et que maime jétoit pres areparer son honneur en lépousen sur cela que fait la mere elle afoit enfermé sa fille et aforce de menace et decoup luy fon dire ce qu'il veule quoy quelle disen toujour quélle me veut pour son mary Mr Enselme et plusieur autres aqui je ferai preter serment pour dire laveriter de méme que les dosmestiques puisque pendent mon absence amontagny dou je ne fait que descendre sur l'avis de monsieur Tiollier juge mage de Moutier quil ma communiquer lalétre que la mere Chapperon a Ecrit a son Excellence Mr le Gouverneur qui luy en renvoye les informations et ma dit qu'il ecriroit a Son E. Mr le Gouverneur ce qui suit quapres mavoir fait apeller et ouï javois repondu que javois dit que Madlle Chapperon Etoit ou devoit être grosse demoy après cependent l'avoeu quelle en avoit fait elle méme et que jetoit pret a reparer son honneur en lepousant voila en deux mot le tout, je vous prie Mad^me d'en faire avertir son E. par quelcun quiluy represente les choses telle quelle sont voyé Mad^e et tres chere bienfaitrice ma situations et cela dimanche ou semedy car par le Courier de lundy je ne menquerai pas de recevoir des Ordres de son E. ladessus qui pouroit bien ne metre pas ten favorable par les envieux que j'ay ten icy quéalieur qui cherche a me perdre, pardon de l'embarat que je vous donne et taché Mad^e de menager votre chere santé a laquelle je m'interresse veritablem^t enfin je m'est tout entre les mains de la divine providence et de la Ste Vierge

J'ay l'honneur d'Etre avec un attachement des plus sincere et le plus profond respect

Votre très-humble et très-obéissant serviteur

De Courtille

Madame

j'oubliois de vous dire que voyant comme Mad^e Chapperon batait safille je pris les messure les plus convenable en avertissant M^g^r Larcheveque et le grand vicaire des choses telle quelles etoit afin quil nariva point de malheur a sa fille et que l'on ne me put rien imputer.

Moutier ce 10e de 1754

La pièce suivante, sans date ni suscription, mais qui est de l'écriture de Wintzenried et appartient au même dossier, aux Archives départementales de la Savoie, pourrait être un post-scriptum à la lettre du 10 janvier 1754, adressée à Mme de Warens :

Je vient de recevoir un avis de Vidal par ce courier quil me fait voir quil est de mes amis mais Mad^e une recommendations de lapart de son E. M^r le Comte de Garbillion a Monsg^r l'archeveque qui est son parent et an outre grand ami de M^r le juge mage tout cela finiroit par un mariage ou trompé je suis mais surtout que Mr Porta alle en droiture as. E. M. le Gouverneur parlé pour moy je vous prie remercié Mr Daviet pour moi de sa lettre jauray l'honneur de luy repondre par un autre courier ne le pouvant aujourd'huy de même qu'a Mr Vidal et luy dire que cenoit pas de la flanelle qui me faut que cest de lapeluche en laine blanche et que je l'atend par premier Courier nos traveaux saperçoivent que je suis icy et j'ay augmenter les ouvriers mais il faudra aussy m'auguementer les fonds cest ce que je vous prie décrire a Mr Berard salué de ma part Mr Simon je vous prie, Dieu mette ordre a mes afaires ici sans quoi j'apreande fort qu'un desespoir ne me prene Dieu me soit en aide et les sains Evangile

La lêtre de M[r] le Gouverneun a M[r] le juge mage est Ecrite par Mr Mayan et signé par son Excellence

Qui n'a pas lu cette lettre n'a rien lu !

Le drôle, cependant, ne réussissait pas à épouser la fille de la terrible Mme Chapperon, et, comme il voulait décidément se marier et qu'il avait plusieurs cordes à son arc, il se mit en rapport, sans perdre de temps, avec une famille Bergonsy (sans particule) originaire de la Tarentaise. *Wintzenried exigea de sa bienfaitrice qu'elle fit part de ses intentions au père de sa future.* Théophile Dufour, qui a publié la réponse faite à l'ancien perruquier, mais en modernisant l'orthographe, dans son excellente brochure, *Jean-Jacques Rousseau et Mme de Warens ; notes sur leur séjour à Annecy d'après des pièces inédites,* la fait précéder des réflexions suivantes : « Si l'on met en regard le ton presque humble de la baronne avec les phrases arrogantes de Wintzenried, on songe aussitôt à ces révélations de Jean-Jacques, dont certains écrivains essaient vainement de suspecter la véracité. Du moins, si l'on a « exigé » de la pauvre femme qu'elle fit elle-même la demande en mariage du pseudo-chevalier, elle s'en consolera par quelques paroles, aiguisées avec art, plutôt que « naïvement » pensées : « Vous ne pouvez que gagner beaucoup *à la différence* que vous rencontrerez.... C'est à vous, à présent, *à vous observer*.... Parlez peu, si vous pouvez »

Voici la copie exacte, faite par Eloi Serand, de la lettre que Mme de Warens adressa à Wintzenried, à l'occasion de son mariage.

Le document est navrant :

Monsieur De Courtilles Moutiers
25e de 1754

je suis persuadée de tout Le merite de Laimable de moiselle dont vous me parLes, je nen serois douter envoient Monsieur son pere qui par son esprit et sa politesse, donne a a connoitre la bonne Educations quil est en etat de doner a sa famillie, par consequand vous ne pouvez que guanier beaucoup a La diference que vous Rencontrerez puisque cest votre intantions de vous Etablir je nay Rien a vous dire a ce sujet, que de prier Dieu pour quil Luy plaise de Répendre sur vous sa ste Benedictions, et que Le tout soit pour sagloire et votre salut ; Je vous ay dit au surplus ce que jay crus devoir vous dire dens ma presedente que jay adrecee a Mr Gravier ; il depends de vous dens faire votre profit ; puisque vous avez exigé de moy parvotre lettre que je parlat a Monsieur De Beorgonzi de vos intantions pour sa fillie je men suis aquitée cil le juge a propos il poura vous faire part de notre conversations ; vous devez une parfaitte Reconoissance à Monsieur et Madame De Bargonzi et Leurs aimable famillies des soins ofisieu et charitable quil ont eu la bontes de vous Rendre aux quels jay pris toutes la part possible ; et vous felicite de tous mon cœur, davoir trouvez de ces brave gens a votre secour ; cest a vous a present vous observer et a bien Reflechy a touttes les obligations que vous vous proposé de contractes, a fin de ne vous mètre james plus dens Le cas, ou détre Refuzé ou désuier avec Le tens des Reproche : parles peu, cy vous pouvez, pences beaucoup et conduize vous toujour dune manière y reprochable devant Dieu et Les homme ; cest Le moiens detre toujour aimè et estimè de tous Le monde je vous prie de vouloir mexcuzer cy je vous dit cy nayvement ce que je pence, vous prient detre bien persuadè que je seray toute ma vie tres sinscrement portee a vous Rendre les service qui pouront etre a mon pouvoir etant veritablement et avec bien de La considérations Monsieur Votre tres

humble et tres obeysente servante

La Barone DeWarens DeLaTour.

Le coup fut sensible à celle que Jean-Jacques avait aimée. Peut-être eut-elle quelque regret d'avoir abandonné *Petit* pour vivre avec l'odieux personnage qui se révélait. Peut-être osa-t-elle chercher, auprès de Rousseau, des consolations, sinon un appui. Certainement elle écrivit à l'ancien ami, qui avait été si heureux, près d'elle, aux Charmettes. L'heure de l'expiation sonnait pour la baronne. La réponse fut ce qu'elle pouvait être, fort peu agréable à Mme de Warens ; la preuve en est dans le billet suivant, qui a passé, le 19 juillet 1883, de la collection de la marquise de Barols dans celle d'Alfred Morrison, esq., à Londres, d'où Mr A. W. Thibaudeau, 18, Green street, St Martin's Place, a eu la gracieuseté de me communiquer l'original. Ce dernier porte, comme adresse : A Monsieur Monsieur Rousseau secretaire Dembassade rüe Grenelle st honoré a lhotel de Lenguedoc a Paris. Le magistral ouvrage : *J. J. Rousseau à Venise*, 1743-1744, de Victor Ceresole et Théodore de Saussure, paru à Genève, en 1885, chez l'éditeur Cherbuliez, établit que le philosophe fut simplement secrétaire du comte de Montaigu et non pas secrétaire d'ambassade. Voici le texte de ce billet, qui clôra la série des documents publiés dans ce chapitre :

Ce dix de fevrier 1754

vous verifié bien En moy Le chapitre que je vien de Lire dens Limitations de jesuschris ou il est dit, que la ou nous métons nos plus fermes Esperence, cest cequy nous menqueras, totalement. ce net point Lecoup que vous maves portes qui mafliges mais cest Lamain dont il part, cy vous ette capable de faire un moment de Reflection vous vous direr a vous même tout ce que je pourois repondre avotre Létres ; malgres tout cela je suis et seray toute mavie votre veritable bonne mère. adieu.

Mme de Warens était coutumière de ces citations pieuses. Le billet porte la trace de la déception qu'elle venait de subir. Après avoir écrit : « cy vous voulez faire un moment de Reflection », la baronne avait mis, par surcharge, pour rendre le trait plus amer : « cy vous ette capable de faire un moment de Reflection ». Cependant, à la fin du billet, elle était revenue à ses locutions artificiellement affectives ; elle avait d'abord terminé ainsi : « malgres tout cela je suis toujour votre bonne mère. adieu », puis elle se corrigeait, par cette variante « malgres tout cela je suis et seray toute ma vie votre veritable bonne mère. adieu. »

Ames sensibles, arrêtez le flot de votre

indignation ; ne jugez pas Rousseau d'après ce billet ! Rappelez-vous que Mme de Warens n'hésita pas à donner à Wintzenried la place de Jean-Jacques.

A Propos

D'UN PORTRAIT INÉDIT DE Mme DE WARENS

peint par Largillière
reproduit en photogravure par Goupil

ET DU MOBILIER DES CHARMETTES

A PROPOS

D'UN PORTRAIT INÉDIT DE Mme DE WARENS

peint par Largillière
reproduit en photogravure par Goupil

ET DU MOBILIER DES CHARMETTES

Les portraits de Mme de Warens, connus à ce jour. étaient de pure convention, hormis celui de Lausanne, qui est ainsi désigné au Catalogue du Musée de cette ville, publié, en 1887, par Emile Bonjour :

« 152. — Auteur inconnu. Portrait de Mme de Warens.

Donné par M. E. De Crousaz. C'est le seul portrait authentique que l'on possède de Mme de Warens. Il est dans le goût du temps. Au premier abord il déconcertera les lecteurs des Confessions. Est-ce bien là la femme que J. J. Rousseau a tant aimée et dont il a fait une description si attendrie ? « Elle avait de ces beautés qui se conservent parce qu'elles sont plus dans la physionomie que dans les traits : un air caressant et tendre, un regard très doux, un sourire angélique, des cheveux cendrés d'une beauté peu commune et auxquels elle donnait un tour négligé qui la rendait très piquante. Il était impossible de voir une plus belle tête, un plus beau sein, de plus belles mains et de plus beaux bras. »

En comparant les deux portraits, celui du peintre et celui de l'écrivain, on conviendra que l'écrivain a plus embelli son modèle que le peintre et qu'il l'a paré de grâces que l'artiste n'a plus pu voir ou pas su rendre. Ce portrait est attribué à Largillière. C'est en tout cas un document précieux, souvent reproduit par la gravure. »

Le donateur, Emile de Crousaz, avait hérité cette toile de sa grand'mère, Mme de Montholieu, contemporaine de Mme de Warens.

Un autre portrait, peint aussi et signé par Largillière, se trouve aux Etats-Unis, à Boston. Il est, depuis 1862, la propriété de sir Samuel Hammond Russell, 135, Beacon street ; sa reproduction en photogravure, sur cuivre, par les procédés de Goupil, figure en tête de ce volume, sous la forme unique d'un tirage avant la lettre, exécuté par Boussod, Valadon et Cie, 9, rue Chaptal, à Paris. Ce portrait est complètement inédit ; il rend à l'histoire les traits de Mme de Warens, alors qu'elle était jeune femme. Largillière fait revivre, par cette toile exquise, la charmante Maman de Jean-Jacques.

Un connaisseur, dont le témoignage fait autorité, Durand-Gréville, qui a *vu* ce tableau à Boston, s'exprime ainsi dans son 1er article sur *la Peinture aux Etats-Unis,* paru dans la Gazette des Beaux-Arts du 1er juillet 1887 : « Nous avons trouvé aussi chez M. Hammond Russel, à Boston, un charmant portrait de Mme de Warens par Largillière, très authentique, fait au moment où cette honnête dame, à la fois sérieuse et folâtre, était dans tout l'éclat de la jeunesse, — et même de la beauté, si le peintre n'a pas été trop complaisant. Elle a environ dix ans de plus dans le portrait qui se trouve au musée de Lausanne et qui est fort analogue à celui-ci pour la pose et le costume. »

Le 11 septembre 1887, le même critique d'art m'écrivait : « Ce portrait est remarquablement conservé et, comme valeur d'art, peut rivaliser avec les bons Largillière. J'attache toujours, dans les questions d'authenticité, une assez grande importance à la valeur purement artistique de l'ouvrage examiné, car un habile imitateur peut s'assimiler, jusqu'à un certain point, la facture du peintre, mais il ne peut pas l'égaler au point de vue artistique, à moins d'être aussi fort que lui, — auquel cas il ne s'amuserait pas à faire des pastiches. » Et Durand-Gréville ajoutait, à sa lettre, les notes suivantes, qui feront partie de son Catalogue des Galeries des Etats-Unis et du Canada :

« Portrait de Mme de Warens chez M^r^

Hammond Russel, Beacon street, 135, Boston.

Peinture à l'huile, sur toile, a été marouflé.

hauteur 79 c. largeur 59 c.

Jeune femme de 25 à 30 ans, tournée de 3/4 à gauche du spectateur, décolletée un peu en pointe ; belle poitrine de statue ; cheveux cendrés à demi-poudrés, en large boucle sur le front et tombant en repentirs sur les épaules. Robe de chambre bleue à manches pagodes coupées à la saignée du bras ; les manches et le devant sont bordés d'une large bande de soie feuille morte brochée de fleurs d'or ; la poitrine est un peu voilée par une dentelle à jolis dessins. Les bras sont pendants ; les avant-bras, couverts de manches de linge blanc, sont coupés par le bord inférieur du cadre, de telle sorte qu'on ne voit pas les mains. Fond brun léger.

L'exécution de cette peinture est délicate, avec des ombres légères et transparentes. L'œuvre est remarquable et peut passer pour un Largillière de la bonne époque.

Le nom de Largillière était écrit par une main inconnue sur le dos de la toile de ce tableau avant qu'il ne fût marouflé.

Ce portrait ressemble beaucoup, pour le visage, à celui de Lausanne, mais il semble être moins près du modèle, un peu flatté, la taille amincie. Cependant la différence essentielle provient de ce que le portrait de Boston a dû être fait une bonne dizaine d'années avant l'autre, si on en juge par l'âge probable du modèle représenté dans les deux tableaux. »

Or, Largillière n'a jamais été à Chambéry, ni à Annecy, mais Mme de Warens a certainement fait un voyage à Paris, en juillet 1730, ainsi que cela ressort de la correspondance du premier président Saint-Georges, aux Archives du Sénat de Savoie. Il est donc permis de supposer que Mme de Warens aurait posé devant Largillière dans la capitale, à moins que le maître n'ait reproduit ses traits d'après une esquisse faite à Annecy. Cette dernière hypothèse a des chances de probabilité, car il est hors de doute que Mme de Warens ait été *portraiturée* à Annecy. En effet, Rousseau nous apprend, par le mémoire qu'il remit, le 19 avril 1742, à Boudet, pour sa Vie de M. de Rossillon de Bernex, que cet évêque fit faire le portrait de sa convertie,*disant qu'il souhaitoit qu'il restât dans sa famille,* comme un monument honorable de ses plus heureux travaux. Par sa famille, l'évêque entendait, peut-être, sa famille spirituelle, ou bien pourrait-on présumer que ce portrait, à la mort du prélat, fut déposé au monastère de la grande Visitation, car,à la page 30 du Registre de l'inventaire de la Visitation d'Annecy, dressé en 1792-93, figure le passage suivant :

« du 12 juin mille sept nonante trois.

Nous commissaires susdits assistés des mêmes qu'en notre précédent verbal, nous sommes transportés dans la grande chambre de l'infirmerie où l'on nous a représenté les effets mentionnés au dit inventaire à l'exception d'un tableau représentant *la bienfaitrice de Jean-Jacques* qui a été remis au citoyen Héraut représentant du Peuple français. » En m'envoyant cet extrait, Eloi Serand ajoute : Ce portrait ne serait-il point celui que fit faire Mgr de Rossillon de Bernex ?

Cette question, jusqu'à nouvel ordre, est insoluble ; on ne sait pas l'usage que Hérault de Séchelles fit de la toile qu'il s'était attribuée. D'autre part, Annecy, pendant la Révolution, a subi de véritables bouleversements. L'inventaire des tableaux, déposés à l'Evêché et destinés au Musée d'Annecy, dressé par le citoyen Rey, en suite de l'arrêté de l'Administration municipale daté du 26 prairial an VI, donne bien un total de 133 tableaux, mais ce nombre est-il réellement celui des toiles enlevées ? D'autre part, une lettre de Babin, du 26 brumaire an III, fait connaître que ce citoyen, chargé d'inventorier les bibliothèques des couvents supprimés et celles des émigrés pour les diriger ensuite sur Paris, annonce un *premier* envoi de

2400 ouvrages *des plus rares et plus précieux*. Le portrait de Mme de Warens, fait pour l'évêque, a donc pu disparaître dans cette tourmente, qui déplaçait les tableaux et dispersait les livres.

Les portraits, publiés jusqu'à ce jour, sont de pures facéties ; il y a celui in-8°, en buste dans une ovale, gravé par Ambroise Tardieu, qui figure, en fac-simile, dans ce volume, au hasard. Il y a celui in-8°, en buste dans un médaillon encadré, d'après le tableau de Bateni, gravé par Lebeau, dont un médiocre cliché a donné une détestable gravure à la page 41 de ce livre. Il y a celui in-8°, fait pour une édition des *Confessions*, représentant une femme à mi-genoux, assise, jouant sur une manière d'orgue, avec cette inscription prétentieuse : « Louise Eléonore Delatour Depil D[me] DE WARENS, née en 1699 et morte en 1765. Grandeur de l'original qui est à la Bibliothèque du Corps Législatif. » Ces faux portraits se vendent cher encore de nos jours. La librairie Louis Bihn, 67, rue Richelieu à Paris, a catalogué le premier à 1 fr. 50, le deuxième à 8 fr., le troisième à 5 fr., et, à toutes marges, à 10 fr. Les portraits de Mme de Warens gravés par Gaillard ; celui d'Achille Devéria, daté de 1824 et gravé par Chollet ; celui de Pacini, gravé par La Guillermie, qui figure en tête du volume *Les Charmettes* d'Arsène Houssaye, tous, sont de pure fantaisie.

Il n'y a de portraits *authentiques* que celui du Musée de Lausanne et celui de Boston. Le possesseur actuel de ce dernier l'acheta d'un allemand, Theiss, professeur à l'Université Haward de Cambridge, aux Etats-Unis. Depuis lors, Theiss est mort et sa veuve ne sait pas de qui son époux avait acquis ce tableau. Russell n'en apprit la valeur historique que du jour, en 1875, où, visitant le Musée Arlaud de Lausanne, il reconnut, dans le portrait légendaire de Mme de Warens, la même femme qui faisait le sujet de son Largillière.

Il y a eu, aux Charmettes, des supercheries involontaires. Des écrivains comme

George Sand, des connaisseurs comme Arsène Houssaye, se sont laissé conter que deux tableaux, qui s'y trouvent, représentaient Mme de Warens, l'un sous les traits d'Omphale, l'autre sous ceux d'Armide. Le premier tableau même, reproduit par la lithographie, a couru le monde sous cette légende « Mme de Warens, d'après le Portrait original, qui se trouve aux Charmettes. » Il n'était, cependant, pas difficile de connaître la vérité. Un brillant écrivain de la Suisse romande, Charles Berthoud, dans une causerie étincelante de verve, intitulée *les Charmettes*, extraite de la *Revue suisse* imprimée à Neuchâtel, en 1859, par Charles Leidecker, perçait le mystère :

« Le propriétaire actuel des Charmettes, professeur de mathématiques au lycée de Chambéry, était assis au fond de son jardin que je traversais pour reprendre le chemin de la ville. Il interrompit la lecture de son journal pour répondre à mes questions, et se montra fort traitable sur l'article du portrait de Mme de Warens, que j'abordai avec beaucoup de précautions. Bref, il s'exécuta de bonne grâce, et finit par me dire en souriant qu'il se rappelait le jour où, tout enfant, il avait vu un marchand de vieux tableaux apporter à son père cette toile qui, dès lors, n'a plus cessé de représenter la châtelaine des Charmettes. Le Savoyard m'a paru, de sa nature, assez défiant, susceptible surtout, comme le sont en général les peuples pauvres et qui ont été longtemps malheureux ; mais quand il se confie à vous, il le fait avec une bonhomie entière qui ne connaît plus d'arrière-pensée. Je ne crois pas trahir, en racontant l'histoire du portrait, la confiance qui me fut témoignée à cette occasion. Les Charmettes ont autre chose à montrer qu'une toile apocryphe, et, bien que ma course eut été faite surtout, comme j'en suis convenu, dans l'espoir trompeur d'y trouver l'image de Mme de Warens, j'en emportai un souvenir précieux. »

Quant au tableau représentant Armide,

il est peint à l'école du Castiglione et bien plus ancien que Mme de Warens.

Les traits de la baronne et ceux de Jean-Jacques étaient bien connus à Annecy, à Chambéry ; l'intérêt du souvenir s'est toujours attaché aux tableaux qui les concernaient. La tradition existe à leur sujet. A Annecy, le docteur Callies possède encore le portrait d'un jeune homme, d'environ dix-huit ans, que l'on croit être celui de Jean-Jacques. Un jeune artiste d'Annecy, Charles Coppier, l'a reproduit par une gouache, que j'ai déposée aux Charmettes et fait réduire en gravure dans ce volume. Questionné par Eloi Serand sur la provenance de ce tableau, le docteur Callies aurait répondu que cette toile avait toujours existée dans la maison de Jean-François Favre, avocat d'Annecy et député du Mont-Blanc, décédé le 7 mai 1855, à l'âge de 98 ans.

On sait que Mme de Warens logeait en maison meublée aux Charmettes ; or, toutes les recherches et démarches, qui ont été faites pour retrouver l'inventaire des meubles de la maison Noirey, sont demeurées sans résultat. Cet inventaire devait se faire, aux termes même du bail, à l'époque où cette maison avait été louée par Mme de Warens, en 1738.

Les Archives départementales de la Savoie possèdent le document que nous avons publié à la page 56 de ce volume. Il fait partie d'une liasse de papiers personnels à la baronne, achetés pour le compte du département par son savant archiviste, Alexis de Jussieu. Or, quoique le bail dise formellement qu'il sera dressé, pour lui être joint, un inventaire des meubles, cette annexe manque.

Il résulte, d'autre part, d'un État détaillé de tous les anciens minutaires de Chambéry, rédigé par la Chambre des Notaires, que celui du notaire Rivoire, auteur du bail des Charmettes, n'existe plus. On n'a plus de lui que les copies de ses actes, qu'il a expédiées, comme tous ses confrères, pour le bureau du Tabellion. On y retrouve, en effet, l'expédition du bail de Rivoire, mais l'inventaire annoncé n'y est pas joint.

Il restait un moyen de combler cette lacune.

Le 8 mai 1737, un an avant la location des Charmettes par Mme de Warens, cette maison avait été accensée, par son propriétaire, au procureur Renaud, de Chambéry, par un bail rédigé par Falquet, notaire. L'État des minutaires, dressé par la Chambre des Notaires, apprenant que celui de Falquet est déposé, de nos jours, dans l'étude de Me Bailly, notaire à Chambéry, ce bail y a été retrouvé. Il est rédigé à peu près dans les mêmes termes que celui de Mme de Warens. Il prescrit aussi la rédaction d'un inventaire des meubles « qui devra être annexé au bail », mais cet inventaire fait défaut.

Il faut en conclure, ou qu'il n'a pas été dressé, ou que les notaires n'ont pas concouru à sa rédaction.

L'opinion générale est que l'inventaire n'a pas été fait du tout, sans cela il se trouverait joint au bail, dans la liasse des papiers personnels à Mme de Warens, don sont extraits, avec une scrupuleuse exactitude, tous les documents inédits publiés dans ce volume.

TABLE DES MATIÈRES

PAGES

Préface........................... A

Pensées diverses de Mme de Warens 1

Son biographe, Amédée Doppet.... 35

Mme de Warens aux Charmettes.... 55

Les Charmettes, après son départ.. 95

L'oratoire de Mme de Warens...... 125

Mme de Warens au Reclus......... 145

Wintzenried et Mme de Warens ; leurs relations jusqu'en janvier 1754........................... 159

A propos d'un portrait inédit de Mme de Warens et du mobilier des Charmettes...................... 261

GRAVURES

Mme DE WARENS

Portrait inédit, peint par Largillière, reproduit en photogravure par Goupil. . . avant la lettre.
Portrait d'après Bateni, gravé par Lebeau. . . . page 41
Portrait gravé par Leroux et Ambroise Tardieu. . page 145
Mme de Warens en extase, d'après Peytavin. pages 128-129

Portrait du général Doppet, son biographe.

Portrait présumé de Rousseau adolescent.

Les Charmettes, vue prise du chemin des vignes.
Fac-simile de la mappe du cadastre de 1729.

CE VOLUME

édité à cinq cents exemplaires,

commencé en juillet 1886,

interrompu par l'incendie du 19 juin 1887
qui consuma l'hôtel d'Allinges,

A ÉTÉ TIRÉ LE 31 MARS 1888

A CHAMBÉRY

DES PRESSES DE C.-P. MÉNARD

Imprimeur.

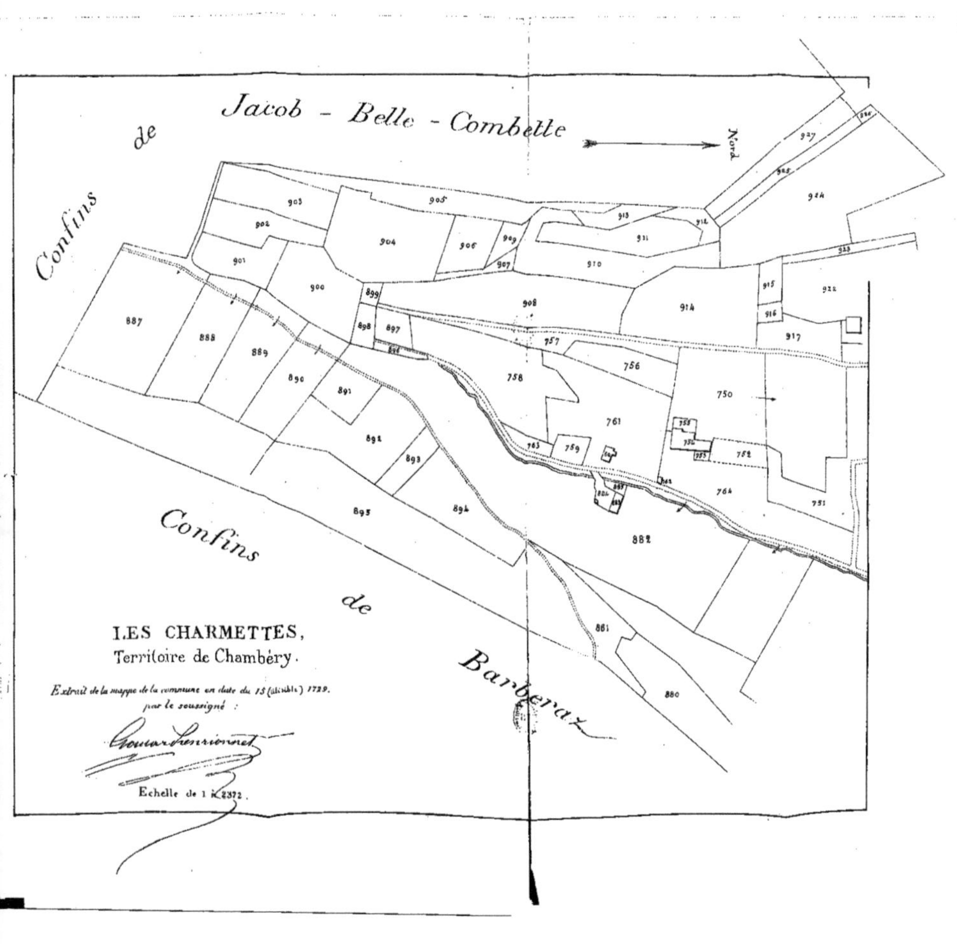

Confins de Jacob - Belle - Combette
Nord
Confins de Barberaz
LES CHARMETTES,
Territoire de Chambéry.
Extrait de la mappe de la commune en date du 15 (illisible) 1729.
par le soussigné :
Echelle de 1 à 2372.

Librairie générale Henri GEORG, 65, rue de la République, Lyon.

RÉVOLUTION FRANÇAISE

NOTES ET DOCUMENTS INÉDITS

Publiés par Albert METZGER
et revisés par Joseph VAESEN

Lyon en 1793
Avant le siège

Circonstances qui se sont produites à Lyon à l'occasion du jugement et de la mort de Louis XVI. — Complot de Février. — Démission du maire. — Troubles intérieurs. — Émeute du 29 mai. — Procès de Chalier. — Procès de Riard. — Testament de Chalier.

Un beau volume, tiré à 300 exemplaires sur hollande, orné d'une faïence patriotique et de la gravure de deux pièces curieuses du temps . . . . 5 fr.

Lyon en 1793
Le siège

Établissement du quartier Général des représentants du peuple à la Pape. — Leurs proclamations et sommations. — Réponses des Lyonnais. — Combats des 18, 19 et 20 août. — Bombardement. — Tentative d'incendie du pont Morand. — Prises des maisons Pantod et Neyrat et de Caluire, par les troupes conventionnelles. — Trahison du caporal Truchet. — Entrée dans Lyon.

Un beau volume, tiré à 300 exemplaires sur hollande, orné du portrait de Dubois Crancé, du plan de Lyon assiégé et de la reproduction de trois assignats lyonnais. . . . . 5 fr.

Lyon en 1793
Après le siège

Retraite de Précy. — Relation du général Doppet. — Entrée et proclamation du général Doppet à Lyon. — Rapport des représentants du peuple sur la situation de Lyon. — Exécution par le canon de prisonniers lyonnais. — Liste des dénonciateurs et dénoncés.

Un beau volume, tiré à 300 exemplaires sur hollande, orné des portraits de Précy et de Couthon, et du frontispice de la liste des dénoncés. . . . . 5 fr.

Lyon en 1794

Rixe entre volontaires et soldats de l'armée révolutionnaire. — Condamnation à mort de l'évêque constitutionnel Lamourette. — Arrêté sur la sépulture des victimes du siège. — Querelle entre les Jacobins de Lyon et le Conseil de la commune de Grenoble. — Célébration de la fête de l'Égalité. — Exécution de Jean Ripet. — Fête de J.-J. Rousseau. — Brigandages des machurés dans les campagnes.

Un beau volume, tiré à 300 exemplaires sur hollande, orné des portraits de Collot-d'Herbois et de Fouché. . . . . 5 fr.

CHAMBÉRY — LIBRAIRIE PERRIN — CHAMBÉRY

www.ingramcontent.com/pod-product-compliance
Ingram Content Group UK Ltd.
Pitfield, Milton Keynes, MK11 3LW, UK
UKHW020129220726
13923UKWH00001B/79